엄마의 생각을 명품으로 만드는

샤넬보다
마인드맵

샤넬보다 마인드맵

초판 1쇄 발행 2021년 11월 15일
2쇄 발행 2022년 2월 22일

지은이 오소희
펴낸이 장현수
펴낸곳 메이킹북스
출판등록 제 2019-000010호

디자인 장지연
편집 장지연
교정 강인영
마케팅 김예지

주소 서울특별시 금천구 가산디지털1로 142, 312호
전화 02-2135-5086
팩스 02-2135-5087
이메일 making_books@naver.com
홈페이지 www.makingbooks.co.kr

ISBN 979-11-6791-045-5(03190)
값 14,800원

ⓒ 오소희 2021 Printed in Korea

잘못된 책은 구입하신 곳에서 바꾸어 드립니다.
이 책의 전부 또는 일부 내용을 재사용하려면 사전에 저작권자와 펴낸곳의 동의를 받아야 합니다.

홈페이지 바로가기

메이킹북스는 저자님의 소중한 투고 원고를 기다립니다.
출간에 대한 관심이 있으신 분은 making_books@naver.com로 보내 주세요.

엄마의 생각을 명품으로 만드는

샤넬보다
마인드맵

오소희 지음

메이킹북스

들어가는 글

　생각만큼 멋진 삶이 아니었다. 가정은 무너졌고 내 꿈은 희미해져 갔다. 살기 위해 버텨왔고 친구들보다 일찍 철이 들어버렸다. 반짝이고 싶었지만 방법을 몰랐다. 두근거려야 할 10대와 빛나야 할 20대가 고된 시간 속에서 바래져버렸다. 30대 이후의 삶은 더 나아질 것이라 기대하며 살았다. 빚을 다 갚았고 나보다 나은 사람을 만나 결혼했다. 하지만 아무도 알려주지 않았던 또 하나의 벽에서 좌절했다. 출산과 육아라는 둘레 안에서 버둥거렸다. 버둥거릴수록 질겨질 뿐이라는 생각에 낙담할 때쯤 만난 것이 마인드맵이었다.

　강의를 하는 오소희는 밝은 사람이다. 하지만 생각보다 마음을 열지 못했다. 잘 보이고 싶었고 인정받고 싶던 소녀는 30대가 돼도 그 욕구 안에서 벗어날 수 없었다. 웃음과 눈물을 맘껏 표현하고 싶어서 마인드맵을 그리기 시작했다. 손 글씨가 귀찮아서 짧게 썼다. 글로 표현이 안 돼서 그림을 그렸다. 그림 솜씨가 좋지 않아서 색으로 화장을 입혔다. 내 맘대로 표현할 수 있었던 유일한 도구, 마인드맵을 벗 삼아 대화를 시도했다.

내 꿈은 명확했다. 돈 잘 버는 강사. 한 시간을 일하더라도 몸값을 제대로 받고 원하는 날에 쉬고 싶었다. 10대 후반부터 고단했던 나의 손은 힘줄이 튀어나와 있고 나의 발은 굳은살이 박여 있다. 내 남은 인생의 가치를 위해 돈을 벌어야 했다. 어떻게 하면 좀 더 벌 수 있지? 누구를 만나야 좀 더 쉽게 성공할 수 있을까? 무엇을 해야 날 드러낼 수 있지? 끝없이 고민했고 고민할 새 없이 행동했다. 머리로만 고민하지 않았다. 손으로 함께 했다. 빨리 돈을 벌기 위해 생각하고 기록함과 동시에 행동했다.

　철저한 연습이고 철저한 계획이었다. 무엇보다 가장 중요했던 건 나를 도와준 좋은 도구가 있었다는 것이다. 아무도 알려주지 않는 나만의 길을 알려주었다. 나의 계획을 피드백 해주었다. 나의 감정을 읽어주었고, 알 길 없는 미래에 대한 불안감을 위로해주고 즐겁게 상상할 수 있게 안내해 주었다.

첫 책이었던 《매일 마인드맵》과 함께 두 번째 책은 온전한 나의 마인드맵 이야기다. 토니 부잔의 책처럼 '뇌'에 대한 설명도 많지 않고, 기술적이고 이론적인 측면을 다루며 설명하려 하지 않는다. 난 똑똑하지 못하기 때문에 그런 책을 쓸 수 없다. 하지만 누구보다도 마인드맵과 친숙하며, 마인드맵과 함께 10년을 버티며 살아온 스토리가 있다.

 그 이야기를 하고 싶었다. 두서없이도 솔직하게, 내가 읽어도 눈물 나게, 누군가가 읽으며 함께 웃고 맘껏 울 수 있도록 마인드맵을 통한 나의 성장 이야기를 투명하게 써보고 싶었다.
 문장과 사례가 비록 투박하고 고급스럽지 않아도 있는 그대로의 오소희로 봐주시면 감사하겠다.

목차

들어가는 글　　4

〈제1장〉 엄마가 배우는 마인드맵

1. 까만색 도화지, 내가 찍은 하얀색 점 하나　　14
2. 엄마의 삶은 아이의 교과서　　18
3. 다단계 아니에요~　　23
4. 나도 우리 엄마 딸　　28
5. 완벽함을 완벽하게 버리기　　32
6. 예쁜 것이 좋아　　36
7. 엄마는 연극인　　40
8. 익숙함의 덫　　44

〈제2장〉 꿈을 그리는 마인드맵

1. 꿈의 올바른 사용 설명서　　52
2. 꿈을 먹는 단계　　57
3. 행복의 시냅스　　61
4. 엄마 마인드맵　　67

5. 시간 관리 마인드맵　71

6. 내 마인드맵　76

7. 우리 아이 꿈이 생겼어요　81

8. 실패의 장벽　88

9. 결심 아닌 결단, 목표 아닌 방향　92

〈제3장〉 사고의 훈련 마인드맵

1. 디지털 마인드맵 vs 손 마인드맵 (feat. 마인드맵 글쓰기)　98

2. 마인드맵적 사고의 훈련　103

3. 첫 단추는 중앙에서　108

4. 색의 미학　113

5. 생각 가지치기　118

6. 마인드맵 + 독서 = 맵독　122

7. 감정 관리 마인드맵　127

8. 우뇌 좌뇌 마인드맵　132

9. 사과로 훈련하기　136

10. 마인드맵 교육 사명　140

11. 공부 머리는 어디서 나올까　144

〈제4장〉 성장의 도구 마인드맵

1. 감정의 시각화 … 150
2. 말 훈련 … 154
3. 아장아장 걸음마 … 159
4. 실수 속 보물찾기 … 163
5. 의지보다 선택 … 167
6. 다이어트 마인드맵 … 172
7. 5가지 감각으로 아이 키우기 … 177
8. 마인드맵 습관, 여든까지 간다 … 182
9. 딴짓 마인드맵 … 186
10. 거지같은 낙서, 거지같은 독서법 … 190
11. 관계 마인드맵 … 196

〈제5장〉 마인드맵 후기

마인드맵이 바꾼 일상 - 김준희 … 202
마인드맵이 너무 좋은 이유들 - 천지영 … 215
내 삶에 선물 같은 마인드맵 - 이지영 … 221

마치는 글 228

<제1장>

엄마가 배우는 마인드맵

까만색 도화지,
내가 찍은 하얀색 점 하나

. . .

깜깜했다. 한 걸음도 나아갈 수 없었다. 품에 안겨 있는 이 작은 아이로 인해 나의 모든 것이 사라졌다. 바라보며 원망했다. 너 때문이야, 너 때문이야…. 왜 아무도 내게 출산과 육아로 인해 다가올 사막 같은 시간을 이야기해주지 않았나…. 겁 없이 시작했던 결혼과 출산과 육아. 나의 선택을 후회했다.

원치 않았던 연년생 임신. 무너졌다. 내가 흔적도 없이 사라질 것 같은 불안함이 느껴졌다. 몸과 마음은 약해져갔고, 만삭의 임산부가 첫째를 안고 베란다에 섰다. 제정신이 들었을 땐 거실 바닥에 앉아 목 놓아 울고 있었다.

"소희야, 너 잘하던 거 해 봐."

멘토의 조언. 그리고 습관처럼 움직이기 시작한 나의 손가락.

죽어 있던 내가 마인드맵으로 살아났다. 내 감정을 들여다보고, 멈춰있던 생각을 움직이고, 닫혀 있던 마음을 열었다. 절실하게 매달리고 싶었던 마음. 그 간절함을 스스로 안아줄 수 있게 되었다.

커튼을 열고 바깥 공기를 쐬었다. 아이를 품에 안고도 할 수 있는 일을 찾아보았다.

매주 수요일, 20명씩의 동네 엄마들이 우리 집 거실을 채웠다. 신천지? 다단계? 소문이 무성했지만, 그럼에도 불구하고 늘 거실은 북적였다. 마인드맵을 통한 감정, 목표, 시간 관리를 엄마들에게 알려주었고, 3년간 많은 엄마를 울렸다. 아니, 내가 울었다. 다시 살아갈 수 있게 해줘서 감사합니다! 나의 존재를 알게 해주셔서 감사합니다! 다시 두근거리게 해주셔서 감사합니다!

나의 간절함과 되찾은 행복은 자연스레 주변 사람들에게 전해졌다. 감정이란 것이 타인에게 전해질 수 있다는 사실을 강력하게 경험했다. 얼굴도 이름도 모른 채 '엄마'라는 이름으로 한곳에 모인 사람들은, 아이 이야기에 웃고 엄마 이야기에 울었다. 잃어버렸던 나를 떠올리며 울었고 앞으로의 나를 상상하며 웃었다. 눈물과 희망은 오직 마인드맵 덕분이었다. 감정을 나열하고 숫자를 기록하며 과거와 현재, 미래를 넘나들었다. 시간이 흐를수록 눈물의 의미는 달라졌다. 눈물은 이제 슬픔이 아니라 기쁨이었다. 뭔가를 다시 할 수 있을 것 같은 기쁨의 눈물.

놀라운 일은 또 있었다. 엄마뿐만 아니라 아이들도 함께 변화했다는 사실.

엄마의 표정이 아이의 행복으로 번졌다. 종이 위를 신나게 움직이던 엄마의 손가락으로 어제와 다른 반찬이 만들어진다. 색연필을 쥐었던 엄마의 손가락으로 뽀얗게 쌓인 화장대 위 먼지를 치우고, 입술에 생기를 그려 넣는다. 아이의 유치원 알림장으로 도배되었던 냉장고가 엄마의 꿈 리스트로 채워지고, 그 옆엔 아이가 따라 그린 예쁜 그림이 붙어있다. 어두웠던 식탁에 환하게 불이 켜졌다. 식탁 위엔 노트와 색연필, 커피가 있다. 엄마 곁으로 달려와 스케치북을 펼친 아이는 엄마의 마인드맵을 흉내 내며 또 하나의 작품을 완성해낸다. 작은 손으로, 마인드맵이 뭔지도 모르면서, 그럼에도 그럴듯하게 그려내는 아이들. 가르치는 것이 아니라 환경을 만들어주는 것이야말로 자연스럽게 아이를 교육할 수 있는 방법이라는 사실을 알게 되는 엄마들. 행복한 시간을 함께 경험하면서 초보 엄마였던 나도 성장해나갔다.

엄마 마인드맵에서 배운 핵심 키워드는 '알아채기'였다.

우울했던 마음속에 수많은 감정들이 잠들어 있음을 알아채고, 출산과 육아의 버거움 속에서 어떤 도움을 필요로 하고 있는지를 알아채가며 엄마들은 건강해졌다. 돌처럼 누르고 있는 경력 단절이라는 과제를 두고, 무엇을 지켜내야 하고 무엇을 도전해야 하는가를 점검해보는 알아챔이었다. 그저 바꿀 수 없는 환경에 답답해하고 공감과 이해가 부족한 남편을 탓하기보다는 멋진 20대였던 나를 기억해내며 멋진 30대와 40대를 상상해 보고 싶은 나를 구체적으로 알아채기 위한 과정들이 곧 마인드맵이었다.

　유치함 속으로 파고 들어가 색연필을 쥐고 하나하나 색감으로 물들여 가면서, 무채색이었던 세상이 화사하게 밝아졌다. 어설픈 그림이지만 함께 보며 웃고, 조금씩 나아지는 그림 실력을 뽐냈다. 아직은 소녀 같은 나의 '감성'을 알아채는 시간이었다.

　마인드맵은 모두에게 좋은 도구다. 학업에도 큰 도움이 된다. 뇌가 좋아하는 방사형 구조로 펼쳐지는 마인드맵은 보다 나은 기억력과 이해력을 만드는 창의적 학습 도구이다. 뿐만 아니라 잃었던 꿈을 되찾고 나만의 미래를 계획하기에도 더없이 좋은 도구다. 감춰진 마음을 들여다보고 깜깜한 앞날을 밝혀주는 신비로운 도구다. 마인드맵 강사는 많다. 그러나 삶을 포기하려고까지 했던 순간에 마인드맵을 만나 새로운 인생을 시작한 강사는 몇이나 될까. 경험은 최고의 가치다. 암흑 같았던 삶을 지나온 나의 경험 하나하나를 공유하려 한다. 오롯이 엄마로 사는 인생도 소중했지만, 진짜 내 모습을 찾아 살아가는 것이 얼마나 설레는 일인지.

　나를 만나는 많은 엄마들이 공감과 위로를 얻고, 또 하나의 오소희가 되어 세상의 아름다움을 느끼며 살았으면 좋겠다. 엄마의 마인드맵을 전할 수 있어 감사하다.

엄마의 삶은
아이의 교과서

• • •

"저의 멘토는, 우리 엄마입니다."

멘토에 대해 발표하는 대학교 수업 중이다.

키가 작은 여학생은 매우 야무져 보인다. 가장 먼저 손을 들어 발표한 여학생의 목소리가 매우 크고 씩씩하다. 기특하게 바라보던 중 발견했다. 여학생의 눈엔 눈물이 가득 고여 있다. 어떤 사연이 있을까. 궁금했지만 수업 시간이라 묻지 못했다. 하지만 알 수 있었다. 어떤 스토리였든 간에 그 스토리는 너무 아름다울 것이라고. 분명히 강하고, 멋진 결말이었을 것이라고. 멘토가 엄마인 딸의 이야기는 아름다울 수밖에 없기 때문이다.

IMF 이후 친구의 권유로 보험 설계사에 도전하셨던 엄마는 주변 사람에게 인심이 후하신 분이셨다. 수수료를 없는 살림에 보탤 생각은 하지 않고 고객들에게 나누셨다. 수험생인 집에 엿과 떡을 사서 찾아가고 맛있는 과일을 사들고 입원한 고객들을 찾아가셨다.

  동생과 나의 학원비를 벌겠노라 시작하신 일이었지만 고객을 챙기는 것이 먼저였다. 내 남편을 꾀어서 가입시켰냐며 경찰에 신고한 아주머니도 있었고, 보험 하나를 들어주면서 말도 안 되는 조건을 내걸어 상관없는 일에 끌어들이고 부려먹는 나쁜 사람도 있었다. 하지만 늘 똑같이 웃는 모습으로 성실하게 직업을 대하는 모습이 좋아 보였는지 스카우트 제안이 들어왔다. 2년간 세공과 감정을 배우는 일에 투자하겠으며 2년 뒤 함께 일할 수 있을지 결정해도 좋다는 제안이었다. 보험 일을 하며 배울 수만 있다면 나쁠 것이 없는 제안이었다.

  나라면 어떤 결정을 했을까. 난 분명 두려웠을 것이다. 해보지 않은 일이기도 했고 무엇보다 40대라는 나이의 굴레에서 쉽게 결정하지 못했을 것이다. 아이들을 돌보지 못하고 일에 보다 많은 시간을 써야 하는 미안함도 선택을 방해하는 요소가 되었을 수도 있다. 하지만 엄마는 2년간의 배움의 길을 선택하셨다. 보험 일을 하시며 2년간 보석 세공과 보석 감정을 배우셨다. 나이 마흔이 넘어 새로운 것에 계속 도전하시는 모습은 딸인 내게 좋은 본이 되었다.

  현재는 태국, 미얀마, 스리랑카를 넘나들며 보석을 수입하시고 3달에 한 번 한국으로 들어와 보석을 세공하신다. 대인 관계를 엄청 철저히 관리하신다. 주면 더 줬지 더 받으려고 하는 사업가가 아니다. 그래서 늘 엄마의 주변엔 사람이 모인다. 나이와 상관없이 배움에 도전하는 모습과 더불어 아낌없이 내 것을 더 주려는 마음도 엄마를 통해 보았다.

"소희야, '배고파요'를 영어로 뭐라고 하니?" 끊임없이 영어 단어를 질문하시던 때가 있었는데 지금은 나보다 더 영어를 잘하신다. 엄마의 스피치 실력이 너무 귀엽고 재미있다. 아주 쉬운 영어 단어를 나열했을 뿐인데 외국인들과 소통이 된다. 가격 흥정도 잘하시고 거침없이 아는 단어를 총출동시킨다. 소통이 되면 된다. 어느 것에나 완벽할 필요는 없다. 엄마를 통해 또 배운다. 시작은 아주 작지만 소소하게 훈련하며 지속하는 행동은 엄청난 결과물을 가져온다. 나는 한마디 영어 문장도 머릿속에서 빙글빙글 돌기만 할 뿐 입 밖으로 나오질 않는다. 한 순간, 한 순간 내가 할 수 있는 것을 했을 뿐이라는 엄마의 이야기는 시간이 흘러 내가 마인드맵을 만나게 되었을 때 효력을 나타냈다.

주위 사람들이 "엄마 닮았네!"라고 할 때마다 '외모가 닮았나 보다'라고 생각했다.
시간이 흐르면서 "엄마 닮았네"의 의미를 깨닫게 되었다.
엄마가 보여주었던 도전 정신, 기회를 볼 줄 아는 눈, 성실성, 낙천적이었던 자세, 뭐든지 할 수 있다는 자신감까지 나도 모르게 닮아 있었다.

엄마는 내게 언제나 멘토였고, 지금도 가장 큰 자랑이다.
예쁘게 화장하고 일을 나가는 엄마는 행복해 보였다. 시간이 흐를수록 나이가 들어갔지만 더욱 자신감이 넘치셨다. 엄마의 친구들은 엄마를 부러워했다. 끊임없이 배워가는 60대의 여성을, 아이들에게 멘토라 불리는

60대의 여성을 부러워한다. 엄마라는 이름이 아닌, 한 사람으로 부러워했고 존경한다 했다.

환갑이 훌쩍 넘으신 엄마는 지금도 해외에 계신다.

태국과 스리랑카, 미얀마, 러시아를 넘나들며 보석을 감정하시고 세공하신다. 코로나로 인해 1년간 쉬고 2021년 3월 다시 또 먼 길을 떠나셨다. 한 치의 두려움도 없었으며 짧은 이별 후 다시 만나자며 환하게 웃으셨다. 표정으로 말하고 계셨다. 난 나의 삶이 너무 행복하노라고.

엄마는 지나간 일에 대해 미련을 갖는 것은 바보 같다고 말씀하신다. 잘못된 선택이 있었더라도 지나간 과거보다는 미래에 기준을 두고 생각하라고 하신다. 지나간 것은 잊고 바꿀 수 있는 목표와 바꿀 수 있는 나의 행동에 대해 고민하라고 하신다. 할 수 있는 것과 할 수 없는 것을 구분하라고 하신다. 할 수 없는 것을 고민하느라 시간을 헛되이 보내지 말고, 할 수 있는 것을 선택하고 계획하는 것이 현명하다고 하신다.

그리고 본인이 이야기했던 삶을 그대로 내게 보여주셨다. 엄마를 보고 나 또한 그렇게 살아갈 수 있도록 환경을 만들어주시는 것이다. 딸인 내가 본인이 걸어가는 삶을 보고 잘 살아갈 수 있도록…. 누구보다도 철저하게 꿈을 꾸고, 누구보다도 철저하게 현명한 선택들로 본인의 삶을 꾸려가며 살아가고 계신다.

내가 선택하는 삶. 그리고 그 결과로 얻어지는 존경과 풍요로움. 수많은 선택 안에서 내딛는 발걸음마다 얻는 배움. 내 인생의 교과서는 단연코 엄마다. '엄마와 같은 삶을 살아볼래?'라고 신이 묻는다면 난 바로 답할 수 있다. 너~무 영광이라고.

  우인순 여사. 존경합니다. 그리고 사랑합니다.

다단계 아니에요~

· · · ·

내가 엄마가 된 처음 3년은 공포로 얼룩져 있다.

왜 아무도 엄마가 되는 험난한 길을 이야기해주지 않았던 것일까. 아직 엄마가 될 마음의 준비가 안 되어 있었다. 이제까지는 세상의 중심이 나였는데…. 내가 정한 목표대로, 내가 정한 속도대로 다 해왔던 나의 삶이었는데…. 이제는 아이의 시간과 아이의 성장에 맞춰 모든 것을 바꿔야만 했다. 아무도 얘기해주지 않았던 시간의 변화와 몸의 변화. 난 준비되어 있지 않았다.

나도 모르는 사이에 서 있었던 아찔한 베란다. 아이를 안고 서성였던 암막 커튼 속 깜깜했던 거실. 아침부터 저녁까지 같은 자세로 움직일 수 없었던, 공포스러웠던 나의 24시간.

도우미 이모님이 퇴근하시는 오후 6시. 신데렐라의 12시 마법처럼 그 시간이 되면 아이와 내가 남겨진 거실은 창살 없는 감옥으로 둔갑했다. 커다란 공포심이 나를 덮쳤다. 전쟁의 폭격기와 같은 커다란 두려움이 나를 덮쳤다. 영화 〈해운대〉에서 보았던 거대한 파도처럼 어둡고 깊은 두려움이었다. 깜깜하고 좁은 공간에 갇힌 나는 호흡이 멎은 상태로 아이를 안고 밖으로 뛰쳐나와 거친 숨을 몰아쉬었다. 오후 3시의 하늘이 어두웠다. 내 눈 안에서만 어두웠다. 멈췄던 숨을 한참 동안 몰아쉬고 나서야 세상이 보였다. 연년생을 낳아 키웠던 3년, 난 그렇게 내 안의 공포심과 싸웠다.

"네가 좋아하는 거 해 봐."
나의 멘토 두 분, 김형환 교수님과 엄마가 얘기했다.
즐거운 것, 하고 싶은 것, 잘하는 것을 찾아서 해보라고 했다. 거부했다. 내 안의 모든 것을 거부했고 주변의 시선과 조언도 거부했다. 생각나는 것도 없었고, 생각하고 싶지도 않았다. 내 생각을 거쳐 입이 사용하는 모든 단어가 부정적이었다. 엄마와 남편과 아이 모두 무거운 짐처럼 느껴졌다. 나를 방해하는 모든 것, 그 안에서 외로웠고 절박했다. 누구에게 도움을 요청하지? 누가 이런 날 도와줄 수 있지? 온몸으로 거부하면서도 온몸으로 바랐다.

그러던 어느 날, 우연히 놓여 있던 펜을 집어 들었다. 처음엔 식탁에 놓여 있던 펜을 정리하려고 했다. 그런데 오랫동안 방치했던 펜을 잡으니 무언가를 적고 싶었다. 습관이라는 것이 참 무섭다. 마인드맵으로 작성해 봤다. 내 지금 기분이 어떻지? 어두워… 괴로워… 힘들어… 답답해…

우울해… 외로워… 화나… 슬퍼….

　내가 좋아하는 것은 배우는 일. 즐거운 것은 사람을 만나는 일. 하고 싶은 것은 강의. 잘 하는 것은 공유하는 일…. 잘하는 것… 공유? 나눔? 함께하는 것? 맞아, 그거야. 그걸 하면 되겠어!

　그렇게 시작된 것이 재능 기부였다.

　우연히 집어 들었던 펜. 우연히 끄적거린 낙서 하나. 습관처럼 기록했던 마인드맵.

　나눔과 공유라는 키워드부터 재능 기부를 생각해냈다.

　용인 죽전에서 3년간 재능 기부를 했다.

　동네 카페에 홍보를 하고, 엄마들을 모아 우리 집 거실에서 강의했다. 무료였기 때문일까. 의심 많은 사람들 때문에 온 동네에 소문이 무성했다. 다단계인 것 같다느니, 신천지인 것 같다느니. 그럼에도 불구하고 모일 사람은 모였다. 매주 우리 집 거실엔 선착순 20명의 엄마들이 모여 앉아 강의를 들었다. 몇 개월 된 아기를 안고 내내 서서 강의를 들은 엄마도 있었다. 마인드맵을 알려주었고 목표를 세워 시간을 관리하는 방법을 알려주었다. 첫날엔 나의 장점을 작성해보자 했고, 그다음 날에는 냉장고에 있는 재료로 저녁 메뉴를 정하는 마인드맵도 적어보았다. 하나도 적지 못하고 빈 종이로 돌아간 엄마도 있었다. 이해가 안 돼서, 혹은 강의가 좋고 재미있다며 듣고 또 듣고를 수없이 반복한 엄마도 있었다. 살아 있는 것 같아서 다시 오게 된다고 말하던 한 엄마의 피드백은 날 행복하게 했다. 그곳에 온 엄마들은 도전의 이유도 달랐고 강의를 들은 이후 변화하는 결과와 속도도 달랐다.

어린아이를 안고 서서라도 듣고 가던 엄마가 있었다. 반복해서 강의를 들었던 아기 엄마는 정리수납자격증에 도전했고 새로운 꿈을 꾸게 되었다며 감사의 말을 전했다. 많은 시간 일할 수 있는 것은 아니지만 무언가를 할 수 있음에 벅차고 다시 생기 있게 하루하루를 지낼 수 있게 되었다고 했다.

다단계와 신천지로 소문이 무성했던 집에 와서 강의를 들은 엄마의 선택과 용기. 그 선택과 용기가 상황을 바꿨다. 몰랐던 서로가 마인드맵을 통해 공감을 하고 위로하는 장소가 되었다. 스스로 통제할 수 있는 방법을 찾게 만들어 주었다. 버거웠던 일상에서 벗어나 다시금 내 인생을 찾을 수 있는 희망의 시간을 갖게 해 주었다. 모두가 스스로 선택한 일이다. 누군가는 두려움에 망설였지만 누군가는 낯선 선택 안에서 행복을 만났다.

밝아진 엄마의 표정은 가정을 바꿔 놓았다. 우울했던 아내의 표정이 밝아지니 남편이 내 블로그에 와서 댓글을 남겼다. 아내를 변화시켜주어 고맙다는 글이었다. 엄마가 식탁에 앉아서 꿈을 적으니 아이들이 변했다. 자신들도 꿈이 있다며 엄마 옆에 앉아 꿈을 그렸다. 서로에게 짜증만 냈던 거실에서 함께 미래를 이야기하는 가정이 늘었다. 내가 나누었던 강의가 감사의 말로 다시 내게 돌아왔을 때, 난 그때 비로소 산후 우울증에서 해방될 수 있었다.

필요한 사람이 되는 것, 그게 해방의 열쇠가 되어주었다.

끄적이던 낙서에서 시작된 우연한 도전. 그 도전이 나를 살렸고 용인 죽전에서 많은 엄마들을 살렸다.

대단한 인생이 아니라 소중한 인생으로 우린 살아났다. 한 사람 한 사람, 그곳에 모인 우리 모두는 엄마이지만 한 명의 딸로서, 한 명의 블로거로서, 한 명의 워킹맘으로서 다시 살아났다. 특별한 도구가 있었다. 그리고 특별한 용기가 있었다. 특별한 도구는 마인드맵이었고, 특별한 용기는 '다단계를 하는 것만 같은 집에서의 교육 신청'이었다.

예상과 빗나가는 것들이 세상에는 많다. 아이들이 용기 있게 세상 속에서 도전하고 경험하고 배워나가길 바란다면 나부터 그렇게 해보자. 다단계가 아닐 수도 있고 신천지가 아닐 수도 있다. 오히려 남들이 더 가지 않는 그 길 속에서 발견할 수 있는 보석이 놓여 있을 수 있다. 무엇보다 우리는 엄마라서 해낼 수 있다. 엄마라서 해내야만 한다.

나도 우리 엄마 딸

· · ·

4라는 숫자가 내 나이 앞에 붙을 줄이야….

아이가 생기고 나니 시간에 모터 바퀴가 달렸나 보다. 난 그대로 제자리인 것 같은데 어느새 내 나이 앞자리가 4가 되었다. 10대에는 10km의 속도로 시간이 흐르고 30에는 30km의 속도로 시간이 흐른다더니 애 낳고 키우는 동안 벌써 40대라니 믿기지 않는다. 20대 강사로 살 때는 간절히 30대를 바랐었다. 아무도 무시할 수 없는 나이! 나 어른이야! 외칠 수 있는 나이가 30이라고 생각했다. 그 생각을 한 것이 엊그제 같은데…. 어느새 40이 넘어 노후를 걱정하고 있는 걸까. 문득 지금의 내 삶이 엄마에게는 어떻게 보이고 있을까를 생각하게 된다.

명문대에 보내고 싶었을 딸. 누군가에게 해코지 당할까 봐 조바심 내며 유리처럼 보호했던 딸. 갑자기 기울어버린 생활 탓에 욱신욱신 마음

저려가며 눈물로 키운 딸. 빚 갚는다고 나가서 굳은살이 박이도록 일만 하고 들어와서는 까지고 피딱지가 생긴 발을 어루만지며 울던 딸. 꿈꾸는 삶을 마음껏 이루며 행복하게 살아가길 바랐을 나의 엄마.

나도 나의 엄마에게 그런 딸이다. 40년 동안 상처 하나 없이 곱게 키우고 싶었던 우리 엄마의 딸이다.

강의를 하며 만나게 되는 30대, 40대 엄마들에게 어떤 꿈이 있는지 묻곤 한다. 돌아오는 대답은 비슷하다. "꿈은 아이들이 꾸는 게 아닌가요?" 혹은 "전 꿈이 없는 것 같아요."

아이들이 꿈이 없다고 하면 그렇게나 슬퍼하면서… 정작 당신들은 세상을 살아갈 꿈이 없다고 말한다. 꿈이 없는 하루하루 현실에 많이 버거워하고, 갖고 있는 것의 소중함을 모른 채 공허함에 몸부림치며 살아가고 있다.

분명히 30년 동안 내 인생과 엄마의 인생에서까지 주연으로 살아왔는데, 아이의 탄생 이후 조연임을 자처하며 살아간다.

내가 주연이어야 하는 이유, 주연의 자격을 되찾아야 하는 이유는 단 하나이다. 나는 '우리 엄마의 딸'이기 때문이다. 엄마는 내가 세상에서 가장 빛나는 삶을 살기를 바란다. 여전히 주체적이고 여전히 꿈 많은 나로 살길 바란다. 어제보다는 오늘이 더 행복하고 오늘보단 내일이 더 행복하기를 바란다.

죽전에서 재능 기부를 하며 만났던 한 엄마가 생각난다.

서울대 음대를 졸업하고 교수직에 올라 있던 엄마는 두 딸이 초등학교에 입학을 하게 되면서 교수직에서 내려왔다. 두 아이를 누구보다 예쁘고 반듯하게 키우고 싶었단다. 학교에서 돌아오는 아이를 반기며 간식을 챙겨주는 소소한 행복들로 거실을 환하게 채우며 살았다. 어느덧 두 아이는 중학생이 되었다. 점점 더 늦어지는 하교 시간, 그리고 연이은 학원 수업들로 아이 얼굴을 보는 시간이 줄어들었다. 하루가 온통 아이로 채워져 있던 엄마는 심한 우울증이 오고 말았다. 그런 엄마에게 아이가 이야기했다.

"엄마, 서울대 나와서도 나만 보고 살면서, 왜 나한테 SKY SKY 하는 거야…? 엄마를 보면 SKY 가야 하는 이유를 잘 모르겠어. 엄마를 보면 너무 답답해. 엄마도 엄마 인생 좀 살아."

아이로 인해 갖고 있던 모든 것을 내려놓았던 엄마에게 딸의 말은 비수가 되어 꽂혔다. 소파에 넋 놓고 앉아 멍하게 있는 엄마는 무슨 생각을 하고 있을까. 그렇게 시간을 보내고 있던 찰나에 강의를 듣게 된 것이다. 그 엄마를 울려버린 강의 속 나의 한마디…

"우리도 누군가의 소중한 딸이에요. 가장 큰 효도는 내가 내 인생을 예쁘게 사는 겁니다."

가장 중요한 것은 나만의 인생 대본이다.
주도적인 엄마의 선택으로 사는 당당한 삶은 아이에게 대물림된다. 내 삶이 현명한 선택 속에서 멋진 결과물로 증명되었을 때 우리는 다른 누군가가 아닌 내 아이에게 인정받을 수 있다. "엄마가 내 최고의 멘토예요"라고 이야기를 했을 때 너무나 행복한 표정을 짓던 친정 엄마의 표정을 잊을 수 없다.

나의 40대, 나의 50대, 나의 60대를 꿈꿔보자. 돈과 시간이 필요하지 않아도 되는 내가 해낼 수 있는 것들에 집중해보자. 성장, 성공만이 답이 아니다. 스스로 뿌듯하고 재미있으면 된다. 집에서 할 수 있는 것과 집 밖으로 나가서 도전하는 것을 나눠 적어보자. 머릿속에서 결정하고 나서 쓰려 하면 아무것도 되지 않는다. 생각나는 모든 것들을 다 종이 위에 쏟아내는 것이 중요하다. 고민과 결정은 작성한 이후에 해도 충분하다.

오해하지는 말자.

아이는 일을 하는 엄마를 원하는 것이 아니다. 엄마가 아이의 삶에 의존적일 때 아이 역시 힘들고 지친다. 아이는 아이의 꿈을 꿀 수 있도록 하고 엄마는 엄마의 꿈을 꿔야 한다. 엄마는 엄마의 인생에 집중해야 한다. 아이는 그런 엄마의 뒷모습을 보며 자란다. 스스로의 꿈을 향해 반짝이며 다가가는 엄마를 바라보며 내 인생도 저리 빛나고 싶다는 꿈을 꿀 수 있다.

나의 내일은, 오늘 내가 하는 일에서 결정되며 시작된다. 내일은, 오늘보다 조금 더 내 스스로가 주연이길 바라 본다. 나의 첫 팬은 내 아이가 될 수 있길 간절히 소망해본다. 나의 빛나는 삶으로 친정 엄마의 꿈 또한 빛날 수 있기를 바라 본다.

완벽함을
완벽하게 버리기

· · ·

"생각이 나지 않아요" vs "생각이 너무 많아서 복잡해요"

어떤 것이 맞을까. 아니면 어떤 것이 나일까. 적어도 둘 중 하나에 우리 모두는 해당된다. 다행이다. 마인드맵만 이해하고 사용하기 시작한다면 해결될 문제이기 때문이다. 이래도 문제, 저래도 문제, 생각이 많아도 문제, 생각이 나지 않아도 문제…. 모든 것은 타고난 것에서부터 출발하면 되는 것이고, 어느 것도 좋다 나쁘다 정해진 것은 없었는데 모두 다 본인은 잘못되었다고 느끼고 있었다.

마인드맵을 공부하면서 나 자신에 대해 많이 발견하게 되었다. 생각이 잘 나지 않는다고 느껴질 땐 덜 발달된 좌뇌 영역이 필요한 문제가 발생했을 때였다. 생각이 너무 많이 밀려와서 방황하게 될 때는 우뇌 영역이 너무 확장될 때였다. 좌뇌는 관계적, 분석적 사고를 확장시키고, 우뇌는 공상적, 감각적 사고를 확장시킨다. 사람은 누구나 양쪽의 뇌의 역할에 영향을 받고 있으며 적어도 한쪽의 영역을 좀 더 차지하고 있다.

지극히 평범한 디자이너의 삶을 살던 내가 어느새 강사라는 직종에서 살고 있다. 디자이너는 우뇌의 영역이 많은 부분을 차지하고 강사의 세계에서는 좌뇌의 역할이 좀 더 필요하다고 느꼈다. 강의를 기획해야 하고, 제안서를 작성하여 전달해야 한다. 책을 써야 했고 책에 들어가는 목차 역시 좌뇌의 영역이다.

아이디어를 내는 일은 잘할 수 있었지만, 우선순위와 순서를 정하는 생각과 판단이 필요했다. 분류하고 계획하는 일 안에서도 큰 틀을 잡는 덩어리가 필요했다. 결국은 좌뇌와 우뇌가 골고루 발달이 되어야 다양한 일들에 문제 해결 능력을 가질 수 있었다.

육아 시기에 책을 접한 엄마들이 4세 이전과 4세 이후를 기준으로 우뇌, 좌뇌에 발달 시기에 맞추어 학습을 지도한다. 감히 말하건대 마인드맵 교육을 접목하는 것이 가장 현명할 교육 방법이라 제안하고 싶다. 《빠르고 단단한 공부법》이라는 크리스티안 그뤼닝의 책에서도 이렇게 말하고 있다.

우리 뇌에는 전체 구조를 파악할 수 없고 체계화되지 않은 모든 것에 대해 불안감을 느끼는 '대뇌변연계'라는 기관이 있다.
한쪽 뇌가 다른 쪽의 임무를 떠맡기도 한다.

우리의 사고는 이 두 뇌가 서로 잘 조화를 이루어야 할 수천 개 중추들의 공동 작용으로 이루어진다.
가장 효과적인 공부는, 이 두 가지 사교 유형을 결합시킬 때만 가능하다.
- 빠르고 단단한 공부법 30p

양쪽 두 뇌가 서로 잘 조화를 이루어가며 문제 해결 능력들을 키워나가면 스스로 선택하며 성장할 수 있는 준비를 더욱 갖춰갈 수 있다.

눈에 보이는 정답만 쏙쏙 찾아내면 얼마나 좋을까. 하지만 세상은 녹록지 않고, 결과만을 보고 결정짓는 시대는 이미 지났다. 선택하는 과정과 사고하는 과정들이 중요시되는 세상에서, 창의적인 두뇌 공부는 너무나 중요해졌으며 마인드맵은 놀랍게도 모든 것을 해결할 수 있는 도구임을 난 굳게 믿고 있다. 공부하는 것에 재미를 조금도 느끼지 못했던 사람이다. 잘하는 것만 하려 하고 못하는 것은 두려워하며 멀리했었다. 그랬던 내가 10년간 마인드맵을 하며 성장해 저자가 되다니… 우리 부모님은 이 점을 매우 놀라워하신다.

'선택'이다.
부모가 먼저 마인드맵을 사용해야 한다. 복잡하면 복잡한 대로, 단순하면 단순한 대로 지금 갖고 있는 나의 두뇌 용량과 역할에서부터 시작하면 된다. 성인이 아동과 크게 갖고 있는 차이점이 '완벽함'을 바란다는 것이다. 어릴 때는 '결과'를 예측하지 않고 기꺼이 시작했다. 방금 사용한 '기꺼이'라는 단어는 [마음속으로 은근히 기쁘게]라는 뜻을 지니고 있다. 경험과 도전과 과정으로 즐겨가며 하는 아이들과 달리 성인은 결과물에 집착한다. 실패할 수 있는 가능성을 두고 기꺼이 시작하는 것을 두려워한다. 마인드맵으로 성인 교육을 진행할 때 가장 힘든 부분이 바로 그것이다.

모든 것을 쏟아내는 것에서부터 시작하면 된다. 대단하지 않다. 머릿속에 둥둥 떠다니는 것들을 죄다 종이에 옮겨 적는 것이다. 연결 지어진 생각들은(연상 작용에 의해) 순서대로 가지 위에 작성하면 된다. 연결 지어지지 않은 내용들이 뒤늦게 하나의 묶음인 걸 발견했을 때에는 같은 색상으로 통일시켜주든지 펜으로 화살표를 쭈욱 그어주면 된다. 어느 것도 완벽할 수 없다. 아니, 완벽하지 않았으면 좋겠다. 혼자만의 기록이니 자유롭게 하면 된다.

주의할 점은 머릿속에서 걸러 낸 후에 적으려고 하면 안 된다는 것이다. 다 거르지 말고 적어야 한다. 다 쏟아부어라. 적고 있는 종이 위 필기는 과정을 기록하는 것이지, 정답을 적어내는 것이 아니다. 쏟아낸 필기를 들여다보면서 하나씩 지워 나가보자. 우선순위를 결정하는 데에 아주 괜찮은 방법이다. 인생에서 중요한 5~7가지 정도를 써보고 하나씩 덜 중요한 것을 지워내자. 가장 중요한 한 가지를 발견해 낼 때 마음이 후련해진다. 우선순위뿐만 아니라 쓸데없는 생각과 고민, 망설여지는 방법들을 일단 종이 위에 쏟아내 보고 하나씩 지워나가다 보면 생각과 선택을 심플하게 해볼 수 있다.

예쁜 것이 좋아

김미경 강사님을 보며 강사의 꿈을 꾸었다. 카리스마 있는 강의 스킬, 과감하면서도 친근한 제스처, 유머러스한 입담과 걸맞는 표정, 롱다리에 어울리는 미디엄 치마. 이 모든 것이 강사를 꿈꾸던 나에게는 희망이고 꿈이었다. 강의를 잘하는 것도 중요했지만, 대중 앞에 선 그녀의 모습은 당당했고 아름다웠다.

엄마는 어렸을 적부터 집에서도 예쁘게 화장을 하고 계셨다. 화장하지 않고 늘어진 티셔츠를 걸친 친구 엄마와는 달랐다. 게다가 어린 나이에 시집온 우리 엄마는 젊었고 매 순간 밝았다.

친구를 집에 데려올 때마다 엄마부터 찾았다. 친구에게 듣는 "너희 엄마 참 예쁘다"라는 말은, 학교에서 받는 상장보다도 더 자랑스럽고 뿌듯했다.

예쁘게 가꿔진 외모는 상대방의 생각과 판단에 영향을 끼친다. 예쁜 것에 우위를 둔다기보다는, 관리된 것에 대한 영향력이라 보는 것이 정확할 것이다.

우리는 뚱뚱한 사람을 보면 '게으를 것이다'라고 예측하며, 피부가 좋지 않은 사람을 보고 '잘 씻지 않는다'라는 편견을 갖기도 한다. 치아를 보고 '담배를 피우는구나' 예측하기도 하고, 웃지 않는 사람을 보면 화가 났구나 생각할 수도 있다. 보이는 것이 전부는 아니지만 보이는 것으로 인해 영향을 받는 부분은 분명 매우 크다.

2010년, 3P자기경영연구소에서 마인드맵을 처음 보았다. 마치 백화점에 걸린 샤넬 가방이 "나 예쁘지? 갖고 싶지?"라고 말을 거는 것 같았다. 12시간 교육 과정 시간 중에서 단 15분 동안 마인드맵을 배웠다. 15분 동안의 경험이 10여 년이 지난 지금의 내 인생을 바꿔놓았다.

마인드맵이 내 시선과 생각을 송두리째 빼앗았던 이유는 단순했다.

"예.쁘.다."

어쩜 필기가 저렇게 예쁠 수 있지? 어쩜 작은 종이 한 장에 모든 내용을 소복하게 담아낼 수 있지? 알록달록 색연필도 너무 사랑스럽고, 중앙에서 퍼져나가는 글자는 폭죽과도 같았다. 짧고 귀여운 단어들이 가지 위에서 그네를 타고 시소도 타며 노는 놀이터 같았다.

종이 위 놀이터. 무지개가 핀 예쁜 필기 방법.

예뻐서 소장하고픈 것들이 있다. 오랜 시간 길들여졌으며 보이는 것보다 알면 알수록 가치가 있는 것들. 나와 비슷한 40대 여성들이 열광하는 명품과도 같은 것.

　샤넬보다 마인드맵. 예쁘고 가치 있는 명품 필기가 내 인생을 바꿔놓았다.

　명품의 가치는 뭘까? 브랜드일까. 가죽일까. 아니면 로고일까. 글을 쓰는 이 순간 한번 고민해본다. 희소성? 아, 그런 것 같다. 누구나 들고 다닐 수 없는 희소성의 가치가 명품을 만드는 것 같다. 희소성이 담긴 각 명품마다의 디자인과 로고가 많은 여성들의 마음을 뒤흔드는 듯하다.

　마인드맵은 날 명품으로 만들어 주었다. 마인드맵이 나만의 콘텐츠가 될 것이라 생각한 적 없었다. 예쁜 필기가 그저 좋아서 했을 뿐이다. 예쁜 필기는 사람들의 이목을 집중시켰다. "지금 저랑 같은 강의 들으면서 쓴 거죠? 어쩜, 너무 예뻐요." 나는 관심 받는 것을 좋아하는 편이다. 지나가며 내게 관심을 갖는 사람들의 시선과 한마디가 마인드맵을 재밌게 즐길 수 있는 힘을 준 듯하다. 블로그에, 페이스북에, 카카오톡 프로필에…. 많은 마인드맵을 노출시켰고 그 결과 2017년 《매일 마인드맵》이라는 책을 내며 저자가 되었다.

　어쩌면 우리는 모두 심미주의자가 아닐까. 예쁜 사람에게 눈길이 더 가고, 새로 나온 예쁜 학용품을 보면 지나치지 못한다.

　내 딸에게 나도 그랬으면 좋겠다. 예쁜 엄마라서 친구에게 자랑하고픈 엄마이고 싶다. 예쁜 엄마의 존재 자체가 아이에게 자존감이 되었으면 좋겠다. 깨끗한 피부로 가꾸고 건강한 몸매의 엄마로 관리해야 한다고 생각한다. 그리고 그보다 더 중요한 것! 꿈이 있는 엄마여야 한다. 꿈이 있는 엄마는 눈빛이 빛난다. 꿈과 열정이 있으면 행동하는 것도 자신 있고 표정도 멋지다. 꿈이 있는 엄마는 생기 있고 어디서나 인기가 많다. 자녀를 쫓아다니는 엄마가 아니라, 자녀와 가까운 엄마가 되고 싶다.

아이의 눈높이에 맞추어 외모를 관리해보자. 성형으로 완성된 외모가 아니라 나를 사랑하며 찾아갈 수 있는 당당함으로 외모를 관리해보자는 이야기다. 그 방법과 계획을 훌륭한 도구 마인드맵으로 작성해보자.

피부 관리를 위해 해야 할 것이 무엇일까? 물 2L 마시기, 10분 투자해서 1일 1팩 하기, 좋은 화장품 사용하기, 찬물로 세안하기, 인스턴트 줄이기, 커피 하루 한 잔으로 줄이기, 운전할 때 에어컨 끄기 등.

꿈을 꾸기 위해 할 일은 무엇이 있을까. 다이어트를 위해서는? 예쁜 표정을 짓기 위해서는?

써 보면 된다. 생각해본 적이 없는 건 모두가 마찬가지이다. 속도가 느린 것은 본질이 아니다. 느리더라도 쓰면 된다. 쓰는 것이 본질이다. 한 가지를 썼다면 그것부터 시도해보면 된다.

그리고 작성한 마인드맵을 색칠하자. 색을 입히면 삐뚤었던 글씨도, 어설픈 그림도 다 명품이 된다. 글씨를 잘 쓰고 그림을 잘 그리라는 것이 아니다. 자신감 있게 내 마인드맵을 사랑하면 된다. 명심하자. 아이는 '예쁘고 멋지고 당당한 엄마'를 좋아한다. 우리가 명품 엄마가 되어야 하는 이유이다.

엄마는 연극인

· · ·

평화로운 주말 아침, 양손에 아이들 손을 잡고 마트에 갔다.
커다란 장난감 상자를 카트에 싣고 가며 한 아이가 행복해하고 있었다.
그걸 본 다섯 살 수아의 말이 너무나 쇼킹하다.
"엄마, 우리는 아직 가난해서 저 장난감 살 수 없죠?"
늘 돈 벌러 나간다고 했던 엄마의 말이 수아에게는 가난으로 비춰졌나 보다.

아이들은 부모의 표정과 말투에 민감하다.
한창 사람에 대한 관찰이 시작되는 5세~7세 아이들은 더욱더 그렇다.
행동을 관찰하고 말투를 따라 한다.

싫어하는 사람이 살고 있는 아파트를 지나간 적이 있다. "퉤" 하며 침을 뱉는 시늉을 했다. 남편이 운전하고 있었고, 아이들은 카시트에서 자고 있었다.

갑자기 뒷좌석에서 "퉤" 하는 둘째 목소리가 들린다.

어느 새 잠에서 깨어난 둘째 녀석이 엄마가 하는 행동을 흉내 낸 것이다. 뒤돌아서 쳐다보니 날 보며 배시시 웃는다. 그리고는 또 한 번 창문을 향해 "퉤" 한다.

무슨 행동인지도 모르고 무조건 따라 하는 녀석. 아차 싶다. 아이들 앞에서 행동 조심해야 한다며 남편한테 한 소리 들었다.

아이들은 습득이 참 빠르다. 옳은 행동인지 틀린 행동인지 성인처럼 판단하지 않는다.

판단하는 기준을 모르는 것이 당연한 시기이다. 선과 악이 무엇인지 구분과 판단이 안 되는 시기이다.

그러기에 부모가 늘 더 조심할 수밖에 없다.

습관적으로 내뱉은 말 한마디와 생각하지 않았던 부모의 행동을 아이는 고스란히 모방한다.

좋은 모방은 창조적인 행동을 낳지만 나쁜 모방은 커다란 나비 효과가 되어 다양한 결과로 아이들 교육에 영향을 끼친다.

'퉤 사건'을 계기로 난 결심했다.

'연기인'이 되자.

아이들에게 나의 모습을, 교육적으로 연출해보기로 결심했다.

어떤 모습을 보여줄까…? 키워드를 적어보았다.

- 따뜻한 엄마
- 항상 웃는 엄마
- 예쁘고 고운 말을 하는 엄마
- 긍정적인 엄마
- 도전하는 엄마
- 열심히 하는 엄마

작성하고 나니 어떤 행동을 해야 할지 계속 떠오른다.

- 따뜻한 엄마라면? → 늘 믿는다는 말 해주기 → 화내기 전 한 번 스톱 버튼 누르기

- 항상 웃는 엄마라면? → 거울 자주 보기 → 웃는 모습 연습하기 → 거울을 많이 걸어두기 → 신발장, 주방, 식탁, 거실, 안방, 서재에 작은 거울 두기

- 예쁘고 고운 말하는 엄마와 아빠라면? → 말투를 부드럽게 사용하기 → 소리 지르지 않기 → 다툼은 10시 이후

- 긍정적인 엄마라면? → 한 템포 느리게 반응하도록 애쓰기 → 집 들어오기 전에 일 다 끝내고 들어오기

- 도전하는 엄마라면? → 마인드맵 알려주기, 함께 그림 그리기, 강의

장과 세미나장 데리고 다니기

- 열심히 하는 엄마라면? → 자주 책 읽기 → 자주 마인드맵 그리기 → 집에서도 매일 운동하기

아이의 눈에 내가 어떻게 비춰질까를 생각하고 나니, 변화의 노력이 많이 필요하다는 생각이 들었다.

아이가 배울 수 있는 사회성과 미래를 내가 먼저 접해야겠다고 생각이 들었다. 너무나 당연한 것이 가정 내에서의 교육인데, 가장 기본을 잊고 다른 공부에 얽매여 살고 있었구나 하며 반성하게 되었다.

변화의 노력은 '순간순간' 작성된 나의 결심을 생각하는 습관에서 시작된다.

바꿔보자. 나의 아이를 위해. 적어보자. 구체적인 생각과 방법을 위해.

내가 보여줄 수 있는 멋진 엄마의 모습을 위해.

오늘은 이거다. 나의 사소한 생각과 습관들과 변화의 시작을 적어봐야겠다.

익숙함의 덫

· · ·

"예쁜 나연이… 나연아, 잘 있었어? 엄마 나연이 너무 안아주고 싶어…. 엄마 안 울게. 그리워하지 않고 더 사랑할게…."

MBC 휴먼다큐멘터리 〈너를 만났다〉를 우연히 보게 되었다.
세상을 떠난 딸과 VR로 재회한 모녀에 대한 영상이었다.
프로젝트의 목표는 '좋은 기억'을 만들어내는 것. 단 한 번이라도 만나서 좋아하던 미역국을 끓여주고 사랑한다고 말하고 싶은 엄마를 위해 준비한 프로젝트였다.

매년 기일 나연이가 생전에 좋아하던 장난감을 납골당에 넣어주고, 영원히 너를 기억하겠노라 엄마는 나연이의 이름과 생일을 몸에 새기기도 했다. 일곱 살이 되던 해, 그저 감기인 줄 알았던 증상으로 병원을 찾았던 나연이는 희귀 난치병을 진단받았다. 발병한 지 한 달 만에 딸을 떠나보낸 엄마의 심정이 어땠을까…. 퉁퉁 부은 눈으로도 엄마를 보며 웃는 나연이를 보는데… 너무 힘들다.

맛있게 잘 먹던 미역국 한 그릇조차 이제는 해줄 수 없다. 책임져야 할 첫째, 둘째가 있기에 셋째를 따라 저세상으로 가고파도 갈 수 없는 엄마의 마음…. 고작 영상을 접하는 그 몇 분 동안의 내 눈물로 어찌 그 마음을 헤아릴 수 있을까….

국내 최고의 기술자들이 모여 나연이의 표정과 목소리, 말투, 특유의 몸짓 등을 분석해서 표현해냈고, 너무나 현실적인 VR로 엄마는 나연이를 만났다.

"엄마."

나연이의 목소리에 스튜디오는 눈물바다가 됐다. 나연이의 오빠도 나연이의 언니도 모두 울었다. 아빠가 담배를 피우지 않았으면 좋겠다는 나연이의 말에 아빠가 웃었다. 생일 파티를 하자는 나연이의 말에 엄마는 생일 케이크 위에 초를 세어 개수를 확인하고 하나 더 꽂았다. 생생하게 재현된 나연이에 엄마는 미소 지었다. 너무나 그리웠던 딸의 목소리, 달려오는 나연이의 행동을 하나하나 눈에 담으며 엄마가 너무 행복하게 웃는다. 눈에 새기듯이 바라보는 엄마의 눈을 보며 펑펑 또 운다.

영상이 끝난 후 한동안은 마음이 너무 힘들었다. 태풍 부는 바다처럼 거세게 너울져서 통제할 수가 없다. 나연이 엄마를 생각하며, 너무나 예쁜 나연이를 애도하며, 참으려 하지 않고 그냥 펑펑 울어버렸다.

한참 울고 있는데 자고 있던 수아가 깨서 밖으로 나왔다.

너무 예쁜 내 아이. 작고 소중한 내 아이. 뽀얀 너의 살결에 몸에 상처 하나 나는 것도 엄만 속상하단다.

배 속의 네가 건강하길 바라며 마취 없이 찌르던 굵은 주삿바늘도 하나도 아프지 않았단다. 30년 동안 성공하겠다는 욕심 하나로 버티며 살아온 엄마가 모든 욕심을 내려놓으면서 널 키웠단다.

'익숙함.'

익숙한 것은 매우 편안하면서도 무섭다. 익숙함은 우리에게서 '감사함'을 빼앗아 간다. 익숙함은 우리에게서 불편함 속에 숨어 있는 '잠재력'을 빼앗아 간다. 익숙함은 우리에게서 '행복'의 순간들을 빼앗아 간다. 매일 끓여주던 미역국 속에서 나연이 엄마는 추억을 되새긴다. 잘 먹던 우리 아기. 맛있노라 엄지손가락을 치켜 올려주며 웃던 모습을 그리워한다. 하지만 익숙함에 길들여진 나는, 우유에 말아준 콘플레이크를 소파에 흘린 아이를 보며 소리를 지른다. 고사리손으로 떠먹는 예쁜 모습보다 얼룩이 질까 두려운 새 소파에 관심이 더 간다.

IMF의 직격탄을 맞은 우리 집에서 난 고등학교 때부터 가장이었다. 그래서인지 결혼 후에 남편이 가져다주는 월급이 주는 의미는 내게 매우 특별했다. 가장이 아니어도 되는 나를 만들어주어 너무 고마웠다. 가장의 책임감을 내려놓고 남편과 오순도순 사는 삶이 꿈이었는데, 그것이 이뤄졌다. 하지만 만족도 잠시, 의식적으로 감사하지 않으면, 나쁜 습관은 어느새 자리 잡는다. 습관처럼 불평거리를 찾는 나. 일찍 들어오는 날은 저녁을 차려줘야 해서 귀찮다. 늦게 들어오는 날은 홀로 독박 육아를 해야 해서 화를 낸다. 내 말을 잘 들어줘서 고마웠던 남편에게 이제는 말이 없다는 이유로 답답하다고 소리친다. 존재에 대한 감사함을 잊고 투정 부리는 것이 당연해진 일상이다.

아이를 씻긴다. 한 손가락 두 손가락 세 손가락….
한창 비누칠을 하던 중에 수아가 말한다.

"엄마, 수아가 손가락이 10개 다 있어서 행복해요?"

아이가 엄마에게 '행복'을 깨닫게 해준다. 갑자기 눈물이 핑 돌았다.
그렇구나. 이런 소소한 행복을 느낄 줄 아는 엄마가 되어야겠구나.
익숙함 안에서 모든 것을 당연하게 생각하는 엄마가 아니라, 모든 것이 익숙할 수 있어서 더 감사한 엄마의 모습을 보여줘야겠구나 생각이 들었다.

정말, 익숙함 안을 들여다보면 감사한 것들 투성이다.

아침에 스스로 일어나 울지 않고 눈을 비비며 나오는 아이에게 감사하다.

외출하고 돌아오자마자 서로 껴안고 뒹굴 수 있는 집이 있어서 감사하다.

식사 시간이 한 시간이나 걸리는, 말을 정말 안 듣는 둘째이지만, 그래도 저렇게 조금씩이나마 건강하게 성장하고 있음에 감사하다.

일하는 엄마에게 와서 책 읽어달라고 귀찮게 졸라대는 아이에게 감사하다.

우연히 보게 된 나연이의 영상을 통해 아이의 소중함과 익숙함에 대해 생각할 수 있었음에 감사하다.

(나연이 엄마를 위해 잠시 기도합니다.)

<제2장>

꿈을 그리는 마인드맵

꿈의
올바른 사용 설명서

· · · ·

꿈의 정의가 무엇일까. 우리가 알고 있는 직업이 꿈의 전부라면…. 난 어쩌면 이렇게 열심히 살고 싶지 않았을 수도 있었을 것 같다.

내 인생은 흙수저였다.

고등학생 때 만난 IMF로 풍족했던 생활은 막을 내렸고 집안의 가장이 되어 돈을 벌기 시작했다. 해보지 않은 아르바이트가 없었고, 내 발바닥은 지금도 굳은살투성이다. 예뻤던 손도 얼마나 힘을 썼는지 지금도 힘줄이 울퉁불퉁하다. 언젠가 집 앞 호프집에서 서빙 일을 했는데 한 아저씨가 내 주머니에 십만 원짜리 수표를 찔러 넣었다. 몇 번이나 거부했지만 호프집 사장님께 내게 전달해달라며 남기고 갔다. 그 수표에는 전화번호와 함께 메모가 적혀 있었다.

"열심히 사는 모습이 예뻐서 그래, 연락하렴."

    소름이 돋았다. 호의였을까. 내 팔에 돋은 닭살은 호의가 아닐 것 같다고 반응하고 있었다. 열심히 사는 나를 향한 아저씨의 농락이었다. 수표를 엄마에게 건네주며 경찰서에 신고할 것을 부탁했다. 며칠 뒤 수표의 행방을 확인하고는 주저앉아 울었다. 상황이 좋지 않았던 엄마가 급히 그 돈을 사용한 것이다. 무너지는 자존심과 그럴 수밖에 없었던 엄마에 대한 안쓰러운 마음. 두 가지 마음의 혼돈을 꾹꾹 눌러 삼키며 울었다.

- 내 통장에 내가 번 돈 1만 원이 사라지지 않는 것
- 통장 3개를 만들어 목표 적어두기
- 엄마에게 매달 30만 원 용돈 드리기

    26세에 오소희는 3줄의 버킷리스트를 적고 꽤 오랫동안 울었다.
    3줄의 꿈을 적기 시작하면서 난 꿈이라는 것의 정의를 바로 내릴 수 있었다. 내가 배운 직업의 정의와는 다른 꿈의 분명한 정의를 말이다.
    내가 간절히 바라는 작은 바람이 곧 꿈이라는 것을 알았다. 다른 사람과는 상관없는 나만의 작은 행복을 찾는 것이 꿈이라는 것을 알았다. 기분 좋을 그날을 상상하며 적어보는 것이 꿈이라는 것을 알았다. 꿈은 대단하고 큰 히말라야 같은 산맥이 아니라, 작고 소소하지만 언제나 걷다 보면 만날 수 있는 언덕과도 같은 것이라는 걸 알았다. 그때부터 난 말도 안 되게 많은 꿈을 적어 내려갔다.

적는 것만으로 너무 신났고, 이미 이루어진 것처럼 기분이 좋았다. 기분 좋은 순간을 자주 느끼고 싶어서 틈만 나면 꿈을 적었다. 마인드맵을 알기 전이라 메모했다고 표현하면 좋겠다. 아르바이트를 하던 짬짬이 가게 전단지에도 꿈을 적었다. 핸드폰에도 적었고, 심지어 휴지에도 적었다. 실제로 그 일들이 일어난 것처럼 순간순간을 살았고, 열정의 노력들이 쌓여서 써내려갔던 많은 꿈들을 실제로 이루어냈다.

- 대출 다 갚은 통장을 그 순간 바로! 갈기갈기 찢어버리기 → 2009년 강남 농협 앞에서 성공
- 가격표 보지 않고 3시간 동안 실컷 쇼핑하기 → 2013년 홍대 겨울
- 한 달에 100만 원이 입금되는 인세 수입자 되기 → 현재 한 달에 *00만 원 인세 수입자
- 1년에 1번씩 비즈니스석 타고 해외여행 가기
- 3job을 하는 능력 있는 여성 되기 → 현재 4job(강사/ 개인 사업/ 저자/ 블로거)
- 나도 엄마처럼 딸에게 멘토 되기
- 작은 재능이라도 나눌 줄 아는 사람이 되기 → 엄마들 대상 재능 기부
- 내 이름의 책 출판하기 → 매일 마인드맵(2017)/ 그리고 지금 이 책 (2021)

- 블로그로 돈 벌기 → 한 달에 7만 원 정도 수익 발생

- 나처럼 공부하고 싶은 학생 후원하기 → 파주 보육원 후원

- 자격증 50개 따기 → 84개 취득

- 통장 4개 만들기, 늘 돈을 넣어두기

- 사업자 등록증 있는 대표님 되기 → 현 Dessin 대표/ 맵 스쿨 상표 등록 진행 중

"선생님, 전 꿈 같은 거 없어요~."

한창 꿈꾸어야 할 나이 17세. 꿈이 있어야 마인드맵을 작성하는데…. '어떻게 너희 나이에 꿈이 없을 수 있니?'라고 처음엔 답답해서 화를 내기도 했다. 1년, 2년 시간이 흐르며 알게 되었다. 대한민국의 많은 청소년이 꿈을 꾸는 방법을 모른다는 것을. 뿐만 아니라 자녀 교육에 매달리는 부모들 역시 꿈꾸는 방법을 크게 잘못 알고 있다는 것을 말이다.

"아이고, 내 나이에 무슨 꿈이에요."

어른들도 말한다. 이제 와서 꿈을 말하는 것을 부끄러워한다. S 그룹 신입 직원 교육에 갔을 때 질문을 했다. "여러분의 꿈은 무엇인가요?" 대기업 S 그룹에 갓 취업한 신입 직원이 대답했다. "10년간 여기서 버티는 거요."

〈제2장〉 꿈을 그리는 마인드맵

나의 버킷 리스트가 하나 추가되었다. 연령 상관없이 모든 사람에게 꿈을 적는 방법을 알려주고 싶다. 꿈을 알리는 나의 도구는 당연히 마인드맵이다.

꿈을 먹는 단계

. . .

"강사님은 원래 꼼꼼하신 거죠? 어쩜 그렇게 열정이 넘치세요?"

한 번도 난 내가 꼼꼼하다고 생각해본 적이 없다. 난 엄청나게 덜렁대며 엄청나게 게으르다. 결혼 전까지 아빠의 잔소리 속에서 살았다. 물건을 제자리에 가져다 두라는 잔소리 말이다. 난 제자리에 가져다 둘 수 없었다. 원래의 자리가 어디였는지를 기억조차 하지 못했으니 말이다.

열정적이라는 말은 꿈을 기록하면서부터 듣기 시작했다. 즐거운 상상으로 기분이 좋아지니 뭔가를 하고 싶은 에너지가 마구 샘솟았다. 마인드맵을 배우고 나서부터는 가지의 연결을 통해 더 구체적인 내용들을 작성할 수 있었다. 적어둔 꿈을 보고 무엇을 먼저 해야 할지도 옆에 적었다. 바인더를 사용하면서부터 그 세세한 계획들을 시간 위에 옮겨 적고 매 순간 지켜나가는 것을 습관화했다. 그러면서부터 나는 목표와 시간을 향해 행동하는 사람이 되었고, 그 행동들은 나를 성장의 길 위에 데려다주었다.

꿈을 이루는 방법은 피자를 먹는 것과 같다.

큰 판이든 작은 판이든 내가 원하는 피자 사이즈로 꿈을 적는다. 그리고 시간의 계획에 맞게 등분한다. 1년의 계획이라면 12등분을 하는 것이다. 단기간으로 정해진 양을 내 앞에 가져다두고 조금씩 더 소분해본다. 12달을 1달로, 1달을 4주로, 4주를 하루로, 하루를 24시간으로, 24시간을 오전, 오후, 저녁으로 나누어보면 된다. 주어진 시간 속에서 해야 할 일들도 함께 나누어가며 작성한다. 나누며 작성하다 보면 최소한의 행동들이 결정되고, 기록된 행동들을 차분히 실행하다 보면 처음 시작했던 그 피자의 크기만큼의 꿈이 이루어지는 것을 경험할 수 있다.

애초에 계획했던 피자의 크기가 아니면 어떠하랴. 적어도 내가 행동한 만큼의 피자는 내 뱃속에 들어가서 그것이 내 성장의 밑거름이 되는 것이다.

꿈의 정의를 부모가 먼저 바로 알아야 자녀에게 알려줄 수 있다. 직업을 준비하는 것과 다르다는 것을 분명히 알아야 한다. 꿈을 이룬 한 번의 성취감은 또 다른 꿈을 이루는 원동력이 된다. 자신감이 생기고, 꿈을 꾸는 사람이 되고, 꿈을 먹는 사람이 된다. 꿈을 꾸는 과정에서만큼은 그 어떤 학벌도 필요 없고 금수저로 태어나는 운명 따위도 필요 없다.

아끼는 동료인 박현근 코치도 나와 같은 흙수저이다.

제주도에 강의를 가서 나누었던 이야기가 있다. "꿈을 이루기 위해서는 대학원을 꼭 가야 할까요?"라고 묻는 박현근 코치에게 대답했다. "우리는 흙수저가 콘셉트예요. 우리 콘셉트 유지하며 나가봐요. 우리는 흙수저도 꿈을 꿀 수 있고, 꿈은 꾸기만 하면 이뤄진다는 것을 보여주는 사람들이에요. 멋지지 않아요?"

우리는 말하는 사람이 아니라 보여주는 사람이다.

혹시 지금 우울증이 있다면… 혹시 지금 경력 단절로 힘들어하고 있다면… 혹시 지금 자녀 교육에 대한 심각한 고민이 있다면… 복잡한 머리를 잠시 식혀보자. 그리고 종이와 펜을 들고 앉아서 떠오르는 모든 것을 적자. 고민도 적고 답답한 감정도 모두 적어보자. 꼬리에 꼬리를 물며 드는 연상적인 생각들의 끝에 내 간절한 꿈에 대한 해답이 저절로 찾아올 것이다. 설령 해답이 찾아오지 않아도 좋다. 나의 상황을 정확하게 직면하는 것만으로도 우리의 마음과 생각은 편안해진다.

꿈을 그리는 첫 단계는 무엇일까? 막연히 생각하고 있던 것을 써보는 것이다. 적지 않은 생각은 하늘에 구름처럼 둥둥 흘러간다. 어디로 가는지도 알 수 없다. 기억할 수 있을 것이라 생각했던 모든 것은 저 멀리 날아가 버린다. 붙잡아 적어야 한다. 그래야 고민도 더 해볼 수 있고 상황에 직면하여 해결점을 도출해낼 수 있다.

💎 〈꿈을 그리는 단계〉

1. 생각만 했던 것을 종이 위에 적어보기
2. 연이어 생각나는 모든 것을 최대한 많이 쏟아내기
3. 멈추지 말기. 쓸까, 말까 or 될까, 안 될까 고민할 시간에 그냥 막 적기
4. 그 꿈을 위해 해야 하는 작은 행동들을 열거해보기
5. 빈 곳에 꿈을 생각하며 그림 그려보기

💎 〈막연해도 한번 적어보자〉

- 배우고 싶은 것
- 먹고 싶은 것
- 갖고 싶은 것
- 가고 싶은 곳
- 나누어 줄 수 있는 것
- 만나고 싶은 사람
- 지금 바로 감사한 일

행복의 시냅스

사람들은 정답만 찾는다. 대한민국 서커스단에 길들여진 커다란 코끼리 같다.

점점 정답보다는 사고력과 서술력, 표현력이 중요해지는 시대인데 그에 걸맞지 않는 덩치만 큰 코끼리다. 말만 잘 듣는 코끼리, 큰 귀를 갖고도 듣지 못하는 코끼리, 강한 힘을 갖고도 잠재력을 뽐내지 못하는 코끼리 말이다.

나 역시 처음에 정답이고 싶었던 길들여진 코끼리였다. IMF를 겪으며 진통을 겪고 나서는 어차피 정해진 길을 갈 수 없다면 삐뚤어진 곳을 걸어 새로운 길을 만들어내고 싶었다. 원하는 방향으로 잘 갈 수 있을지 장담할 수 없었지만 그래봤자 내 인생이 크게 달라질 것이라 생각하지 않았다. 만에 하나 잘못되더라도 다시 돌아와서 시작하면 그만이라는 배짱이 있었다.

자격증과 수료증을 합해서 84개이다. 대부분의 사람들은 큰 목표와 계획 속에서 자격증을 딴 줄 안다. 그렇지 않다. 내가 잘하는 게 무엇인지 찾아내 보고 싶었다. 이것저것 닥치는 대로 배우다 보면 어쩌다 하나 정도는 잘하는 일이 걸리지 않을까 싶었다. 절반 정도 잘하는 것도 있었고 꽤 잘하는 것도 있었다. 그다음엔 잘하는 것 더하기 행복한 일도 찾기 시작했다. 잘하는 일인데 행복하기까지 하다면 그것이 바로 내 것이 아닐까 생각했다.

다양한 아르바이트와 직장을 거쳤다. 포기하기도 했고 쫓겨나기도 했다. 왕따도 당해봤다.
부모님조차 낙담했었던 나의 20대. 이 세상에서 오직 한 명, 나만이 실패한 인생으로 보지 않았다.
50대 되어서 실패를 하는 것보다 차라리 20대 때 실컷 몰아서 실패를 맛본 후에 30대부터는 덜 실패하며 성장해나가면 그만이라는 생각을 했다. 지금 생각해봐도 참 멋지고 용기 있는 생각이었다.

빚 독촉에 시달리던 20대였다.
매달 20일 즈음이 되면 신용 대출 전화가 빗발쳤고 이자 갚으라는 계좌가 찍혔다.
듀스, 터보, 넥스트…. 내가 좋아했던 연예인들의 노래 CD와 포스터가 많았다. 학창 시절에 남겨둔 가장 큰 보물이었다. 2호선 강변역에서 내 모든 보물을 10000원에 판 적이 있다. 사실 난 지금은 기억이 나질 않는데 엄마가 그때 너무 속상하고 미안했다며 가끔 말씀을 하신다.

10000원의 가치. 내 20대엔 10000원의 가치는 꿈보다 컸다. 통장에서 인출되지 않는 10000원을 넣어두는 것이 소원이었다. 대학교 시절, 친구들이 5000원씩 모아 피자를 먹으러 갈 때 함께 가보는 것도 소원이었다.

동네 미술 학원에서 입시를 준비했었다. 입시가 코앞에 닥치니 친구들이 강남에 있는 학원으로 모두 떠나갔다. 그곳에 가면 더 다양한 실력의 친구와 경쟁해볼 수 있는 기회가 많았다. 큰물에서 놀아야 한다는 친구의 말을 따라서 함께 가고 싶었지만 부모님이 속상해 하실까 봐 말하지 못했다.

입대한 남동생에게서 편지가 왔는데 삼겹살이 너무 먹고 싶다는 글이 적혀 있었다. 지인에게 돈 5만 원을 빌려 면회를 다녀오며 돌아오는 길에 펑펑 울었다.

갚아도, 갚아도 끝이 없던 빚더미.

숨 막히는 20대라는 시간을 보내며 폐쇄 공포증과 분리 불안 증세가 왔다.

숨이 쉬어지지 않고 앞이 깜깜해지면서 지하철이나 버스에서 쓰러지기도 했다.

이동하는 지하철 안에서 숨이 쉬어지지 않고 앞도 보이지도 않아서 기둥만 붙잡고 있었던 적이 있다. 나를 부축하여 지하철에서 함께 내려, 의자에 앉혀주며 괜찮아, 괜찮아 토닥이고 떠나신 아주머니의 목소리가 생생하다.

20대의 캄캄한 어느 날이었다.

'도대체 행복이 뭘까'라는 생각에 백지 위에 낙서를 했다.

'행복'

두 번째로 '돈'이라는 글자가 적혔다.

세 번째로 '엄마'가 적혔다. 눈물이 났다.

어떻게 사랑하는 엄마보다 돈을 먼저 적을 수 있을까. 황당하고 속상해서 눈물이 났다. 눈물을 닦고 또 썼다.

'사랑해요' 또 썼다.

'건강하세요', '다 해줄게요' 뭘? 뭘 다 해드려?

'모피 코트', '다이아 반지', '구찌 백 5개', '나랑 둘이 여행', '일본', '노천탕', '비 내리는 노천탕', '짱구 우유', '맛집 투어', '메밀', '시원함', '바다', '조개 구이', '불꽃놀이', '축제', '노래', '춤'

갑자기 신이 났다. 이미 엄마에게 사 드린 것 같았다. 모피 코트와 구찌 백을 들고 여행가는 장면이 떠올랐다. 일본에 노천탕에서 사우나를 마치고 유유자적 걸어 나와서 맛집 투어를 떠나는 장면이 떠올랐다. 답답했던 현실에서 벗어난 행복한 상상을 하며 진짜로 행복함을 느꼈다. 쓰인 키워드를 따라 끝없이 쏟아지는 생각을 기록했던 것뿐인데 너무 신이 나고 행복했다.

한 번의 경험은 또 다른 경험을 부른다.

깜깜해서 보이지도 않는 심해 저 바닥끝까지 감정이 가라앉으려 할 땐 '행복'이라는 단어로 시작하는 단어 연상 놀이를 했다. 정답을 바라지 않았고 끝을 보지 않았다. 현실적인지 확인하지 않았다. 비현실적이라고 타박할 그 누구도 없었다.

마치 땅속 깊이 박혀 있는 나무뿌리에서 굵은 가지가, 그리고 중간 가지와 세부 가지가 나뉘어 나오다가 결국은 아주 빨갛고 탐스러운 사과가 열리는 것 같았다. 뇌에서 시냅스가 뻗어 나와서 뉴런과 뉴런을 이어가는 아주 창조적인 생각의 연상 작용이었다.

그 경험이었나 보다. 행복을 끝없이 탐구한 경험은 소중한 바탕이 되었다. 오롯이 떠오르는 생각의 흐름에 집중했고, 항상 기록했으며 기록 안에서 원하는 해답을 선택했다.

의미 없이 끄적이는 기록 속에서 의미 있는 것을 끄집어내는 행동들을 반복했다. 두려움으로 끄적이지 않는 백지보다는 질서 없이 흩어진 기억의 메모 속에서 규칙을 발견해 내는 것을 선택했다.

그것이 곧 마인드맵이었다.

물론 마인드맵에는 규칙이 있고 질서가 있다.

하지만 마인드맵은 절대로 규칙과 질서 그리고 정답만으로 표현될 수 없다. 생각을 끌어내는 과정으로 존재한다.

마인드맵으로 제발 작품 만들지 말자. 작품을 만들려고 하면 절대로 마인드맵을 즐길 수 없다.

    생각을 먼저 하고 마인드맵을 그리는 것이 아니다. 마인드맵을 먼저 그리고 나서 보고, 생각하고, 선택하는 것이다.

    생각이 안 나면 빈 가지라도 먼저 그려보자. 사람은 누구나 빈 칸을 채우고자 하는 욕구가 있다. 욕구가 발동되면 내용을 생각하려 애쓰게 된다. 이것이 디지털 마인드맵과 차별되는 손 마인드맵의 멋진 기능이다.

    밑줄은, 생각을 끄집어내는 능력이 있다.

    이어가자. 생각은 이어진다. 그 경험은 놀랍도록 많은 것을 발견한다. 행복의 시냅스처럼-.

엄마 마인드맵

우리 집 거실에 모인 20여 명의 엄마들. 그렇게 3년간 매주 재능 기부를 했다. 첫 수업은 나를 알아보는 시간이었다. 중앙 이미지엔 나를 대표할 수 있는 별명이나 사물, 특징들을 그려 넣으라고 했다.

가지에는 나의 장점을 3개에서 5개 정도 작성해보라 했다. 10분이면 될 것이라 생각했다. 물론 나처럼 고민을 길게 하지 않고 작성하는 분도 계셨고, 고민하느라 혹은 완벽한 결과를 찾아내느라 작성하지 못하는 분도 계셨다.

대부분 엄마들의 펜은 움직이지 않았다. 그리고 빈 종이를 들고 집으로 돌아갔다.

왜 못 쓰는 걸까. 이해가 되지 않았다. 이유를 곰곰이 생각하고 있으려니 문자가 도착했다.

"강사님, 집에 와서 몇 시간을 종이를 앞에 두고 멍하게 있었습니다. 난 누구일까. 다른 사람들에게 난 어떤 사람일까. 어떤 엄마일까. 난 어렸을 때 어떻게 자랐을까…. 잘하는 게 뭘까. 무슨 꿈을 꾸고 있을까…. 아무것도 생각나지를 않았어요. 몇 시간 만에 동그라미를 그리고 나서 눈, 코, 입을 그렸는데… 웃고 있는 입을 그리고 나선, 바로 눈물이 터졌어요. 내가 나를 모르겠어요. 웃고 싶은데 웃는 법도 모르겠어요…."

긴 문장과 함께 도착한 그림에는 노란색으로 칠해진 스마일 동그라미가 있었고, 그 옆은 온통 눈물 자국이었다.

무엇이 그렇게도 그녀를 슬프게 했을까.

어릴 적 무수히도 작성해 보았던 게 '나의 장점' 아닌가. 이제는 바래서 보이지도 않을 정도로 내 머릿속에서, 기억 속에서 사라지고 없어져 버린 힘든 주제였던 걸까.

나의 장점보다는 아이의 장점이 중요하고, 나의 꿈보다는 아이의 꿈이 중요해져 버린 현실이다.

할 수 있는 게 없고, 서글픈 생각만 하게 되니 회피하게 되는 상황인 것이다.

첫 저서 《매일 마인드맵》에서 가장 먼저 샘플로 집어넣은 마인드맵이 '나의 장점'이었다.

3년간 재능 기부를 하며 만난 수백 명의 엄마들에게 던진 가장 중요하고도 가장 어려웠던 주제.

어쩌면 버거운 생활 속에서 몰라도 그만이었을 그 작은 주제를 던지고 그 주제를 받고 눈물로 얼룩진 과제로 답하는 엄마들을 보며 절절하게 전달하고 싶었던 한마디는 이것이다.

"우리도 누군가에게 그토록 귀한 딸입니다. 우리가 우리의 장점마저 모르고 살아간다면 그들은 얼마나 슬플까요. 나의 자녀가 스스로의 장점으로 멋지게 살아가길 바라는 것처럼, 분명 우리들의 엄마도 똑같이 바라며 한평생을 사셨을 겁니다."

한 번에 써지지는 않았지만 눈물을 흘려가며 지나간 시간과 싸우고 나니 조금씩 현재와 미래를 보기 시작했다. 장점을 쓰고, 단점도 썼다. 꿈도 쓰고 배우고 싶은 목록도 작성했다.

엄마들에게 마인드맵을 냉장고에도 붙여 놓고 안방 화장대에도 붙여두라고 했다.

슬쩍슬쩍 엄마의 메모를 훔쳐보던 딸이 어느 날 이야기한다.

"엄마, 이렇게 멋진 사람이었어?"

울보 엄마는 그날 또 울었다고 한다.
딸에게 고마워서, 그리고 장점을 발견한 스스로에게 감사해서….

정말로 난 엄마들을 울릴 생각으로 강의한 적이 없다.

진심을 다해 마인드맵을 알려주고 활용법을 전달한다. 거기에 10년간의 내 경험을 더하여 공유할 뿐이다. 스스로 생각하며 작성해 낸 마인드맵이 과거를 돌아보게 한다. 마인드맵이 현재를 점검하게 하고 미래를 상상하게 한다. 후회에 눈물짓고 감사에 눈물짓게 한다.

그 속엔 처절히 싸워왔던 어릴 적 내가 있고, 반짝반짝 빛나던 내 시간이 있다. 적어야 한다. 둥둥 떠내려가 버리는 생각에 모든 것을 맡기지 말고, 써봐야 한다.

뇌는 훈련할수록 성장하는 시스템이다. 생각도 하지 않으면 멈추듯이 뇌도 쓰지 않으면 굳어버린다.

자녀의 눈에 보이는 엄마 아빠의 도전과 성장 스토리는 수많은 자기계발 교육보다 효과적이다.

분명한 Why의 스토리를 보여주고 분명한 How를 자연스레 전달하는 것이 자녀 교육의 핵심이다.

우리가 먼저 쓰자. 꿈도 쓰고 추억도 쓰자. 그리고 가장 중요한 '나'를 쓰자.

시간 관리 마인드맵

사람들은 내가 꼼꼼하고 야무지게 보인다고 했다. 시간 관리가 철저하고 신뢰가 있는 사람이라 했다. 실수를 하지 않고 모든 것을 완벽하게 해내는 사람이라 했다. 나와 절대 어울리지 않는 말들이다.

도대체 왜 오소희는 그런 오해를 받을 정도로 시간 관리를 잘 하는 걸까? 사기 치는 것이 아니다. 진심으로 말씀드린다. 그 이유 역시 '기록'이다.

내 인생을 변화시키는 도구 2가지를 3P자기경영연구소에서 만났다. 바로 3P 바인더와 마인드맵이다. 2010년 2가지 도구를 만나고 나서 난 안 하던 행동을 하기 시작했다. 어려운 행동은 아니었다. 모두가 알고 있는 방법이었고 생각보다 단순했다. 설명하자면 대략 이렇다.

첫 번째, 생각하는 모든 것을 마인드맵으로 기록했다.

두 번째, 마인드맵에 작성된 '해야 할 행동'을 시간 스케줄에 작성했다.
세 번째, 작성된 것을 그 시간에 했다.

끝. 아주 심플했다.

더 이상 복잡할 필요가 없었다. 생각했고 생각의 끝에 행동이 필요하단 것을 느꼈다. 써내려갔고 쓰다 보니 보였고, 보인 것을 했을 뿐이었다. 그렇게 1년을 지냈는데 사람들이 날 알아봤다. 그렇게 1년을 더 하고 나니 내 몸값이 갑자기 뛰었다. 그렇게 또 1년을 지냈더니 사람들이 나에게 방법을 물었다.

처음엔 서비스 강사로 시작했던 내가 어느새 자기 계발 강사, 목표와 시간 관리 강사, 그리고 '마인드맵 강사'가 되었다.

사람들이 궁금해하기 전에 내가 더 궁금했다.

내가 뭘 했는데 직업도 바뀌고 나를 알아보고 나를 궁금해할까.

대학 전공도 포기했고, 대학원도 가지 않았으며, 심지어 84개의 자격증은 아무 쓸머리 없이 버려진 지금의 내가 어떻게 흘러 흘러 강의를 하게 되고 책까지 내게 되었을까.

운명이라는 것이 있어서 나와 마인드맵의 관계를 이어본다면, 그것은 분명 '가지치기'이다.

내겐 무엇이든 간에 '연결'을 짓고 싶어 하는 변태적이고도 매력적인 생각의 습관이 있었던 것 같다.

행동의 모든 것을 핑계로 연결 지었고, 디자인 학부 시절에 말도 안 되는 작품을 만들어놓고 꽤나 그럴듯하게 발표를 해서 A학점을 따기도 했다. 그런 전적이 쌓이던 2010년 마인드맵을 만났고, 낙서처럼 끄적이던 기록의 패턴 안에서 가지치기 규칙을 알아버린 것이다.

중앙엔 목표를 그림으로 그려 시각화했다.

두꺼운 돈 봉투를 한 손에 높이 들고, 배경 하늘엔 돈 봉투가 천사 날개 달고 날아 다니고, 기분 좋게 강의를 마치고 나오는 내가 멋진 오피스 룩을 입고서 활짝 웃고 있다. 저 뒤에 아주 작게 벤츠 마크를 한 자동차가 세워져 있다. 자동차 옆엔 현빈을 닮은 운전기사가 폼 나게 서서 나를 기다리고 있다. 샤넬백을 자동차 시트에 무심하게 툭 던지며 출발하는 자동차. 중앙 이미지는 구체적일수록 좋다!

첫 번째 가지치기는 '배움'이다.

몇 년 안에 중앙 이미지가 현실이 되기 위해서는 일단 배워야 된다고 생각했다. 무엇을 배울지, 배우러 어디로 갈지, 비용이 얼마인지, 등록이 언제인지를 가지치기하며 작성했다.

두 번째 가지치기는 '인맥'이었다.

대학원도 가지 못한 돈 없는 강사도 인맥이 판을 치는 세계에서 살아남아야만 한다. 어디로 갈지, 누구를 만날지, 선물은 무엇을 갖고 갈지, 어떤 질문을 할지, 만나기 위한 전제 행동은 무엇인지 아주 골똘히 고민하며 작성했다.

세 번째 가지치기는 '홍보'였다.

아무도 나를 모르는 시기였기에 나를 알리는 게 중요했다. 2010년부터 블로그를 시작했다. 아무도 하지 않을 때였는데 어디선가 주워들었었나 보다. 다른 사람들은 메뉴, 게시판 먼저 구성한다는데, 난 그냥 글부터 썼다. 강의 페이지를 캡처해서 그림 파일로 올리고 강의 내용을 적어두었다. 댓글을 다는 대부분이 강사였다. 왜 자료를 공개하는지가 궁금하다고 해서 공부한다 생각하고 올리고 있다고 대답했다. 그들은 나의 동료가 기꺼이 되어주었고, 주변에 날 많이 소개해 주었다. 홍보에는 공개 강의도 포함되었다. 새내기 강사가 겁 없이 공개 강의를 하냐는 소리를 많이 들었었다. 그냥 똥 묻은 개가 겨 묻은 개 나무란다는 속담을 생각하며 무시했다. '1명만 와도 나는 무조건 한다'라는 생각으로 임했고, 포스터를 먼저 만들어서 던져두고 사람을 모집했다. 그때부터 쌓인 모집 능력은 지금 하고 있는 온라인 맵 스쿨에서 아주 잘 활용되고 있다. 고민보다 행동이 앞선 결과이다.

작성한 세 가지의 가지치기를 시간 계획표에 옮겼다.

등록할 학원은 월요일 11시 스케줄에 작성했다. 블로그 시작을 '오늘 밤'이라고 적었고 바로 시작했다. 블로그를 시작하겠다고 했지 방문자가 많아야 한다는 조건이 없어서 일단 시작했을 뿐이다. 인터뷰를 가기 위해선 미리 알아보고 준비할 것들이 많았다. 인터뷰 약속 잡기는 내일 오전 10시 전화하기였다. 인터뷰를 위한 사전 검색과 질문지 작성은 내일 점심 이후 2시였다. 장소는 커피숍으로 정했다. 이미 내일과 다음 주의 스케줄은 나의 목표가 기록된 마인드맵 안에서 정해져 있었다.

  10년간 사용한 시간 관리 스케줄에서 약간의 목마름을 느꼈다. 그래서 작년(2020년)에는 스케줄에 마인드맵을 넣어 개발했다. 적극적인 판매로 수익성을 바라고 만든 작업물은 아닌데, 주변 분들에게 꽤 인기 좋게 주문을 받고 있다.

  목표 관리와 시간 관리는 떼려야 뗄 수가 없다.
  마인드맵 안의 규칙을 이용하여 그 두 가지를 연결했을 뿐이다.
  타고난 단순함으로 행동했을 뿐이다.
  목표를 적었고, 시간의 스케줄에 해야 할 일을 기록했으며, 그 시간엔 기록된 행동을 했다.

  늘 강조한다. 생각이 복잡할수록 몸은 둔해진다.
  생각의 속도를 따라가지 못해 멍해지지만 말고, 생각을 붙잡아 기록하고, 바로 행동하자.

내 마인드맵

. . .

세상에 찌들어가면서 어느새 자신감이 사라졌다. 열심히 해도 결과는 나오지 않았고, 주인공인 줄 알았는데 조연도 아닌 엑스트라인 것 같다. 주인이었던 내 시간조차 타인의 결정과 관리 속에 속해 버린 지 오래다. 내 선택으로 미래가 만들어지는 것이 아니라는 것도 알아버린 지 오래다. 알면 알수록 내 것이 없는 세상 속에 던져진 채 꽤나 익숙하게 잘 살아가고 있는 어른일 뿐이다.

자신에 대해 알다가도 모를 때, 왜 사는지 공허함이 찾아올 때 종이와 펜을 꺼내 마인드맵을 그렸다. 적다가 멈추어 울 때가 많았다. 적혀지지 않았다. 적는 것만큼은 누구보다 자신 있던 나인데 한 글자도 적혀지지 않았다. 며칠을 펜을 들고만 있었다. 펜이 멈춘 것처럼 머리가 멈춰버렸는데 너무나 힘들었다. 정체성을 잃어버리고 의미 없이 펜만 들고 있는 좀비가 되었다. 얼마나 시간이 흘렀을까. 갑자기 불쑥 나의 변화가 힘들었던 이유를 깨달았다.

'모든 것이 이제는 내 것이 아니다…'

지나고 보니 이 한 줄이 나의 몇 년을 좀먹었던 우울증의 원인이었다.

어려운 상황이었지만 당차고 야무지게 도전하고 경험하며 살았던 20대. 30대가 되어 결혼을 하고, 아이를 낳고 너무 큰 변화가 찾아왔다. 더 이상 '나만의' 시간은 없었고, '나만의' 물건들도 사라졌다. 돌아본 우리 집 거실은 이제 '내 것'이 아닌 아이의 물건으로 가득 채워져 있었다. 주체적이던 나의 24시간은 꼼짝없이 '아이의' 시간으로 대체되어 있었다.

여느 엄마들처럼 서서 밥을 먹는다. 등에 업고서 몸을 연신 흔들어대며 먹는다. 아이가 잠들어 있다면 깨지 않게, 소리가 날까 봐 씹지도 못하고 거의 쌀알 한 톨 한 톨을 입속에서 녹여 먹거나 으깨어 먹는다. 좋아하는 매운 음식도 아직 수유 중인지라, 아토피라 걱정되어 멀리했다. 깔끔하게 정장을 차려입고 다녔던 내가 얼룩덜룩 늘어난 수유복을 입고 동네를 돌아다녔다. 풍성하던 머릿결도 대머리 독수리처럼 빠졌다. 희었던 피부도 잡티가 생겨났지만 선크림 바를 여유조차 없다. 출퇴근하며 내 볼에 입 맞추던 남편의 눈동자엔 나 대신 아이의 모습이 가득 담겨 있다.

내 것이었던 모든 것이 아이의 것으로 되어버렸다는 사실에 너무 화가 났고 슬펐다. 아무도 얘기해주지 않았다. 나의 삶이 순식간에 내 것이 아니게 될 것이라는 것을 말이다. 그것이 내가 발견하게 된 산후 우울증의 원인이었다. 내 것을 모두 잃었어…. 내 것을 모두 뺏겼어….

정신을 차렸다. 날 다시 찾기 위해선 정신을 차려야만 했다. 늘 그래왔 듯이 찾고 싶은 '내 것'을 작성해봤다.

'내 얼굴' - '내 피부' - '내 몸매' - '내 예쁜 옷' - '다이어트' - '나 맞춤 운동' - '개인 PT'

2017년 11월. 큰돈을 썼다. 집 앞 헬스장에 개인 PT를 끊었다. 큰돈을 지르고 나니 안할 수가 없었다. 내 인생 37년 만에 처음 해본 운동이었다. 근육이 찢어진다는 느낌이 뭔지를 그제야 알았다. 인바디 숫자가 바뀌는 게 완전 멋진 희열이었다. 꽉 끼던 옷이 여유가 생겼다. 떡 벌어진 어깨와 골반 때문에 맞지 않았던 모든 옷이 예쁘게 맞는다. 큰돈을 써서 운동하는 걸 부담스러워했었는데 오히려 버릴 뻔한 옷을 다시 입을 수 있게 되니 뿌듯했다. 무엇보다 못 봐주겠어서 피했던 거울 앞에 다시 나를 세울 수 있으니 좋았다. 조금 봐줄 만게 되었다. 그렇게 2021년 8월. 내 인생 첫 바디프로필을 찍었다.

시간 - 휴식 - 혼자 책을 읽는 커피숍 - 그리고 '여행'

우울증 핑계 삼아 홀로 떠난 여행. 오랜만에 찾은 '나의 시간'이었다. 오롯이 내 것이었다.

아이의 울음소리가 없는 곳에서 자유롭게 늦잠을 잤다. 젖 먹일 이유가 사라져서 맥주도 마셨다.

배움 - 만남 - 즐거움 - '만나고 싶은 사람들' - '3P자기경영연구소'

2018년 6월, 출산 이후 멈췄던 배움을 다시 시작했다.

동호회 활동을 다시 시작했고, 2010년에 배웠던 3P코칭 과정을 재수강했다.

배움과 어울림을 통해서 자극받고 성장했던 나의 모습이 아직 살아 있음을 느꼈다. 잠도 잘 왔고 기분도 좋았고 활력도 생겼다. 처방받아 먹던 우울증 약도 더 이상 필요 없었다.

태어나서 처음으로 엄마가 되고 아빠가 되었다.

무엇을 내려놓아야 하고 무엇을 발견해내야 하는지, 세상은 참 거칠게 알려주는 것 같다. 당연히 내 것이어야 했던 모든 것을 한 번 잃어버렸다가 되찾고 나니 더 소중함을 느낀다. 더 나아가 아직 잃어버리지 않은 것에 대한 감사도 미리 돌아볼 줄 알게 되었다.

가족의 건강함에 감사를….
아이의 웃음소리에 감사를….
남편의 배려에 감사를….
사색할 수 있는 시간에 감사를….
만날 친구가 있음에 감사를….

모든 것이 내 것이다. 원래부터 그랬고 앞으로도 그럴 것이다.
잃어버리기 전에 미리 내 것임을 알고 소중히 대해본다면 더 좋을 것 같다. 주변을 돌아보며 내 것을 찾아보고, 내 것에 대한 모든 것에 감사해보자.
내 인생은, 내 것이기에 참으로 감사하다.

우리 아이
꿈이 생겼어요

・・・

대치동에 위치한 교회에서 9년째 재능 기부를 하고 있다.

멘토이신 김형환 교수님과 함께 여름 방학과 겨울 방학 기간에 교육을 진행한다. 중, 고등부와 20대, 30대 초년생을 대상으로 여름과 겨울에 1회씩 진행되는 것이다. 총 3일 동안 자기 관리 교육과 자기소개서 교육 등을 듣는다. 그리고 1달의 피드백 기간이 이어진다. 1달의 피드백 과정 안에는 교육을 진행한 나를 찾아와 인터뷰하는 과제도 있다. 3일 과정 중 첫째 날엔 마인드맵 교육이 있고 내가 진행한다.

성인 대상 교육만 진행해왔다. 해보지 않은 연령층 대상 교육이라서 너무 힘들었다.

대부분 부모의 의지로 참가하게 된 아이들이기에 교육에 흥미를 갖게 하는 것은 쉽지 않았다. 턱을 괸 상태로 보란 듯이 눈을 감고 자기 일

쏘였다. 그나마 예의를 생각한(?) 아이에 속했다. 절반 정도는 엎드려 잠을 잤다. 실습을 시켜도 펜만 쥐고 움직이지를 않았다. 의지가 없는 아이들…. 교육자로서 만나게 되는 최악의 고객이었다.

김형환 교수님은 비전과 사명을 강의하는 분이시다. 강의를 처음 시작했던 2008년. 꿈이 없어서 방황하며 교육에 대한 목마름에 정처 없이 돌아다녔던 나의 20대. 교수님 덕에 비전과 사명이라는 단어를 접했다. 무엇을 잘하는지도 몰랐고 왜 잘해야 하는지도 몰랐던 그때. 직업이라는 것은 단순히 돈을 버는 일이 아님을 교수님을 통해 깨달았다. '선한 영향력'이라는 낯선 키워드를 가슴에 품고 살기 시작한 것도 그때였다. 돈을 벌기 위해 꿈을 찾던 내가 어느 순간 해야 할 일을 위해 방법을 고민하는 내가 되어 있었다. 생각해보니 그때부터 난 따라쟁이였다. 돈 벌러 나가던 기업 강의보다 돈 안 줘도 행복한 재능 기부 강의가 좋았다. 교수님을 따라서 무턱대고 재능 기부를 선포한 게 2013년 무렵이었다. 카페와 블로그를 통해 공지를 내고, 임신 중에도 출산 후에도 모르는 사람들에게 재능 기부 강의를 펼쳤다. 적게는 4명도 모였고, 많게는 100명도 모집됐다. 어쩌면 그 모방의 순간부터 나는 사람을 모으는 재주를 부렸을지도 모르겠다.

꿈이 없던 청년이 마주한 비전과 사명. 그 안에서 비로소 '직업'이라는 것이 분명히 보였다.
돈을 벌기 위해 선택했던 강사라는 직업 너머의 꿈은 '선한 영향력'이었다. 어떻게 하면 내가 사람들을 도울 수 있을까…. 돈이 절실했던 나의 20대는 비전과 사명을 마주한 후에야 조금씩 바뀌어나갔다.

생각의 중심에 틀이 잡히고 나니, 그다음부터의 선택과 행동이 심플해졌다. 결정 장애가 오는 순간이 반복될 때 비전과 사명을 떠올리면 너무 쉬웠다. 해야 할 일이 산더미 같을 때, 일이 많고 버거워 짜증이 밀려올 때도 비전과 사명을 떠올리면 우선순위 안에서 정리가 되었다.

그랬다. 세상을 살아가는 데 젊은 청소년에게 필요한 것은 '꿈 너머의 꿈'을 보는 일이었다.

2008년 즈음, 일이 없을 때면 자리를 차지하고 맨 앞에 앉아있던 교육장이 있었다. 그곳에서 3P자기경영연구소 강규형 대표님을 알게 되었다. 대표님을 통해 목표와 시간을 관리하는 도구 바인더를 만났다. 그리고 운명 같은 나의 도구… 마인드맵을 만났다.

당시엔 그 도구가 얼마나 좋은 도구인지 알지 못했다. 경력의 차이가 까마득했던 대표님들 사이에서 색연필을 쥐고 작성했던 나의 첫 마인드맵은, 교육장 한구석 벽면에 붙여졌다가 아무도 못 보고 다시 떼어내졌다. 그만큼 볼 것 없던 마인드맵이었다. 누군가에게는 교육장 문을 나선 순간 이별이었고, 누군가에게는 그 시작을 계기로 키워온 만남이 인생의 큰 전환점이 되었다. 그때 난 어디에 속했을까!

생소한 도구는 생소한 시작에서부터 망설여졌다. 중앙으로부터의 시작은 두려웠다. 뭘 쓰지?

배운 것부터 해보자라는 마음으로 끄적이기 시작했다. 잔인한 전쟁터 같았던 강사 시장에서 나는 작지만 야무진 삐약이였다. 조직 문화도 제대로 접해보지 못한 채 프리랜서로 겁 없이 시작했던 강사 활동. 어떤 방법으로 해야 할지, 어떤 방향으로 가야 할지 인도해주는 사람 하나 없었다. 부딪혀가며 깎이고 깨지고 하던 그 시절을 붙들어준 건 바로 마인드맵이었다.

중앙에 간절한 비전과 사명을 쓰고, 그 방법을 골똘히 연구하며 가지치기해 나가던 나의 20대와 30대의 경계선. 그 얇은 선 위에서 나의 꿈은 아슬아슬한 상태였지만 조금씩 꾸준히 커져갔다.

어린 가장으로서 앞만 보고 달렸다. 20대 후반이 되어서야 간절히 바라는 꿈이 없다는 것을 발견했다. 잘하는 것도, 하고픈 것도 없는 상태에서 직업을 찾는다는 것은 매우 재미없고 힘든 노동이었다. 하지만 왼손엔 비전과 사명이 적힌 다이어리를 끌어안고, 오른손엔 펜을 들고 작성하기 시작한 마인드맵이 있었다. 마인드맵을 만나고부터 내 삶의 방향은 확고했으며, 시행착오와 거센 회오리 같은 바람이 와도 흔들리지 않았다. 가볍지만 무겁게 지긋이 눌러두었던 나의 꿈은 그림자 안에 숨어 있어 미처 몰랐던 키다리 아저씨의 키처럼 쑤우우욱 하늘로 솟아올랐다.

내 꿈의 방향성. 그것만 발견하면 되는 거구나! 열정 캠프 안에서 나의 인생 후배들에게 그것을 알려주려 노력한다.

20대가 되어서야 비로소 꿈을 점검했던 나도 있다. 30대, 40대가 되어 새로운 꿈을 갖는 것은 더욱 멋지다. 고작 10대 중반, 꿈의 의미와 꿈을 꾸는 방법을 모르는 것이 당연하다는 생각이 든 순간 깨달았다. '아이들을 가르칠 준비가 이제야 되었구나.' 그 전까지는 내 위주의 마인드맵만을 그려냈던 거다.

→ 어떻게 가르쳐주지? 어떻게 하게 만들지?

깨닫고 인정한 후에는 아이들 입장의 마인드맵을 그려냈다.

→ 지금 뭐가 어려울까? 나처럼 중앙 이미지? 해야 할 것을 모르는 상태겠지? 일단 재미있게 조별 진행을 해볼까? 지금 공통된 관심사는 뭘까? 대중적인 꿈이 유튜버나 연예인이겠지? 즐겁게 상상하는 법을 먼저 알려주자!

성인 교육에서의 마인드맵은 절대적으로 '마인드맵 그리는 방법'만 알려주는 강의일 때가 많았다. 특히, 기업 교육에서는 이미 그들이 목표가 정확했기 때문에 방법만 알려주면 됐다.

아이들을 교육하며 깨달았다. 진정한 마인드맵 교육은 절대적으로 '즐겁게 생각하는 방법'을 알려줘야 한다는 것을 말이다.

아이들은 마인드맵에 관심 없었다. 공부라는 울타리 안에서 벗어나 즐거운 20대를 상상하는 것만으로도 표정이 달라졌다. 좀 전에만 해도 서로 서먹서먹했던 사이였는데 색연필을 손에 쥐고 책상 위를 올라갔다.

엎드려서 쓰고 돌려가며 쓰고, 누군가는 글씨를 누군가는 그림을 그리며 쉴 새 없이 조잘댔다.

연필만 스윽 가져다 대도 "정답입니다.", "오답입니다" 자기들끼리 신났다.

그동안 과정 없는 결과로 인해 상처받던 아이들이 이제는 하얀 종이 위에서 꿈을 향한 여정을 즐기고 있었다. 정답 없는 종이 위에서 맘껏 행복을 누리며 미래를 그리기 시작했다.

마인드맵을 배운 친구 부모님들에게서 가끔 전화를 받는다. 울먹거리는 목소리로 수화기 너머에서 들려오는 내용이 행복하다.

"우리 ○○이가 꿈을 이야기해요. 요리사가 되고 싶대요. ○○ 고등학교에 취학하고 싶고, ○○ 요리 학원에 등록하고 싶다고 말을 걸어왔어요. 닫혀 있던 아이의 방문이 열리고 대화를 먼저 시도해요. 원하는 것을 분명하게 제게 이야기해요. 생각도 하지 못했던 일이에요. 감사합니다, 선생님."

말하지 않는다고 생각하지 않는 것이 아니다. 생각하고 있는 것을 말하지 못하는 거다.

생각을 말하는 법. 생각을 글로 쓰는 법. 그리고 생각을 현실로 만들어 나가는 법.

과연 대한민국이라는 나라에서 그것을 알고 있는 청소년이 얼마나 될까. 정답만을 바라는 대한민국에서, 자유롭게 상상을 말할 수 있다는 것을 배운 청소년이 얼마나 될까.

우리 아이 꿈이 생겼어요!
다시 표현하자면 "우리 아이가 꿈을 꾸는 방법을 알게 되었어요!"라고 생각한다.
종이 위에 끄적이는 힘은 정말 대단하다.
이 원리만 발견한다면 세상의 그 어떤 것도 만들어낼 수 있고 해결할 수 있다고 믿는다.
이렇게 이야기할 수 있는 건 내가 종이 위에 끄적이며 꿈을 발견했고 꿈을 이루었기 때문이다.

실패의 장벽

. . . .

    자기 계발 강사로 살아오며 항상 목표의 부재에 대해 소리 높여 이야기했다. 목표를 위한 계획을 세우고, 차근차근 한 단계씩 올라가면 결국은 오를 수 있음을 강조했다. 누구나 목표는 있어야 하며, 계획에 맞는 행동이 없다면 게으르고 바보 같은 인생이라 생각하며 교육했다.

    내가 정해둔 시간, 내가 계획해 두었던 미션이 완벽하게 맞아떨어지지 않을 때 불안했다. 불완전한 나인 것을 들키는 게 싫었고, 하나가 틀어지면 모든 것이 어긋날 것 같았다. 목표를 이야기하는 강사가 그것도 못해? 피드백이 두려웠다. 왜 그랬을까. 무엇이 그토록 성과와 성공에 대한 집착으로 이어지게 했을까. 시간이 흐르고 수많은 실패와 좌절을 겪으며 내가 깨달은 것은 이 중요한 한 가지를 놓쳤다는 것이다.

"간절히 성장하고 싶다면 수없이 실패할 각오 또한 간절해야 한다."

　내 인생에서 쉬운 것은 아무것도 없었다. 공부도 그랬고 그림 그리는 것도 그랬다. 마인드맵도 그랬고 아이를 낳고 키우는 것도 그랬다. 강사의 꿈을 꾸던 학원에서 받은 피드백이 "강사하기에 적합하지 않은 목소리와 외모를 갖고 있어요."였다. 작은 체구, 아기 같은 목소리, 자신감 없는 표정…. 그래도 꿈이었기에 묵묵히 강사의 길을 걸었고 성대 결절이 몇 번 오고 나니 지금의 허스키한 목소리를 갖게 되었다. 예전처럼 맑은 목소리는 되찾을 수 없지만 오히려 지금이 더 좋다고 생각한다. 많은 분들이 편하고 재밌게 느끼며 다가온다. 수많은 시행착오의 결과물이다. 간절한 꿈을 꾸었기에 그 꿈과 맞는 목소리를 만들어낼 수 있었다. 모든 것이 완벽하게 맞아떨어져 성공하는 사람이 몇 있을까. 모든 성공자의 스토리에는 큰 목표가 있고, 그 목표를 따르는 수많은 실패와 성장의 스토리가 존재했다.

"모든 것은 쉬워질 때까지 어렵다."

　매우 좋아하는 문장이다. 김미경 강사님도 뾰족구두 신고 박스를 거울 앞에 깔고 손동작과 표정, 유머까지 연습하신다는 이야기를 들은 적이 있다. 개인적으로 친분이 있는 복주환 강사도 강의 중간에 퍼포먼스와 농담은 모두 연습에서 나온다고 했다. 프로의 성장 뒤에는 남모를 수고와 노력의 스토리가 있다. 강의도 어려웠고 육아도 어려웠지만 시간들 속에서 잘 실패해온 나이기에 이제는 두 가지 모두 즐기며 잘 해나가고 있다.

맵 스쿨 15기를 진행하고 있다. 2년 동안 14기를 진행하며 수많은 시행착오를 겪었다. 절대 완벽하게 준비해서 시작한 1기가 아니었다. 물론 마음만큼은 모든 것을 다 내어주겠다는 마음으로 시작하였지만, 매회 50명에서 100명까지 함께하는 단톡방을 운영한다는 것 또한 쉽지 않았다. 긍정적인 평가와 부정적인 평가를 꾸준히 조율해나가며 15기까지 오게 되었다. 완벽하지 못해도 꾸준히 진행할 수 있는 원동력은 '과정'이라는 단어 오직 하나 때문이다. 난 마인드맵이라는 도구 자체가 과정임을 강조하며 교육하고 있다. 나를 만나기 전 많은 사람들은 마인드맵을 결과물로 본다. 그렇기 때문에 잘 그려지지 않고, 예쁘지 않을 때 싫증을 느끼고 본인과는 맞지 않는다며 포기하곤 한다.

다시 한번 분명하게 이야기하지만 마인드맵은 과정을 기록하는 생각지도이다. 목표를 두고 시작했던 나의 생각이 꼬리에 꼬리를 물고 해야 하는 것과 하지 말아야 할 것을 분류할 수 있게 한다. 가지치기로 바로바로 분류적 생각이 되면 얼마나 좋을까. 하지만 우리 뇌는 그렇게 훈련되어 있지 않다. 잠시 멈춰지는 시간도 있을 수 있고, 막혔을 때는 가볍게 건너뛸 수도 있다. 한 번에 한 가지 생각만 하는 뇌가 아니기 때문에 잡생각은 지워나가고, 자연스레 또 다른 주제와 스토리를 떠올리며 맵핑하면 된다. 생각이 나지 않을 때는 시간을 두고 고민하는 습관을 훈련하는 일이 필요하다. 누구나 아는 육하원칙을 생각하며 한 단계만 더 고민해보며 훈련하면 된다.

"엄마, 난 생각이 안 나요. 모르겠어요."

뭐라고 말해줄 수 있을까.

"그래도 괜찮아. 잠시 생각해보자. 한 번에 생각나지 않을 수 있어. 그리고 생각나지 않는 것이 당연해. 뇌도 훈련이 필요해. 그리고 훈련 속에는 분명 상당히 많은 실패가 존재해. 실패하더라도 다시 한번 시도해볼 수 있는 마음이 가장 중요해. 엄마랑 같이 조금 더 고민해볼까?"

아이들이 실패 속에서 단단한 결과를 갖길 바란다면 실패의 과정 또한 스스로 잘 받아들일 수 있는 훈련을 함께 해주어야 한다. 또한 부모 역시 수많은 시행착오를 겪으며 이제껏 살아왔음을 자연스럽게 알려주어야 한다. 어찌 세상에 1등만이 존재하겠는가. 실패라는 장벽도 높고 낮음이 분명 있을 것이다. 하나하나 최선을 다해 허들 뛰듯 넘어갈 때 우리의 근육은 더 단단해질 것이고 목표에도 점점 더 근접하게 다가갈 수 있을 것이다.

우리가 먼저다. 우리가 먼저 목표에 도전하며 실패해보자. 실패의 장벽 앞에서 통곡도 해봐야 또 다른 이들의 실패 또한 공감해줄 수 있다.

명심하자. 실패는 실천의 또 다른 방법뿐이다. 성장의 과정을 온전히 즐길 수 있을 때 우리의 노력은 큰 산이 되어 우리의 삶을 지탱해 줄 것이다.

결심 아닌 결단,
목표 아닌 방향

. . . .

경찰청에 강의를 간 적이 있다. 결혼 전이니 꽤 되었다. 성과지향적인 성향이기도 하고, 워낙 목표와 시간 관리 강의로 짬밥(?)이 있다 보니 자신감이 넘쳤다. 엄청난 열정으로 강의를 마쳤다. 강의를 들으신 분들은 나보다 훨씬 연령이 많으신 분들이셨다. 아버지 연세와 비슷한 한 분이 커피를 대접하고 싶다고 하셔서 서울지방경찰청 내에 있는 카페로 이동했다. 커피를 주문하고 잠시 숨을 골랐다. 딸 같은 마음에 꼭 해주고 싶다고 말씀하시며 이야기를 시작하셨다.

"오늘 오소희 강사님의 강의는 너무 멋지고 훌륭했어요. 작은 체구에서 뿜어 나오는 열정과 파워에 깜짝 놀랐어요. 본인의 스토리를 엮어낸 모든 강의 내용이 진심으로 와 닿았어요. 피곤했던 마음도 사라지고 재미있고 유쾌한 시간을 가졌어요. 고마워요.

그렇게 딸 같기도 하고 멋진 강사님께 해주고픈 이야기가 있어서 잠시 커피를 마시자고 했어요.

오늘 만난 이 집단은 공무원이에요. 공무원뿐만 아니라… 하는 일과 혹은 사람에 따라서 강사님처럼 목표 지향적일 수도 있고 혹은 수동적이고 맡은 일에 충실하며 만족하는 사람들도 있어요. 세상엔 참 다양한 사람이 있어요. 그렇죠? 오늘 난 강사님의 강의가 너무 좋았지만 어느 누구에게는 불편할 수도 있겠다는 생각이 들었어요. 꼭 성과와 목표를 위해 위로, 위로 올라가지 않아도 행복한 삶이 있어요. 성과를 내고 말겠다는 결심보다는 힘든 상황을 정리하는 결단이 필요한 사람도 있어요. 앞으로의 미래가 너무나 멋질 오소희 강사님이 세상의 다양한 사람들을 위한 폭 넓은 강의를 하기를 바라요. 제 이야기가 불편하지 않았으면 해요. 내 이야기가 잘 전달된다면 앞으로 훨씬 성장할 수 있는 강사님이 기대되어 망설이다가 이렇게 이야기를 꺼냅니다."

망치로 뒤통수를 맞는 기분이 이런 거구나. 그저 너무 부끄러웠다.

마인드맵과 바인더를 만나서 수없이 많은 목표와 계획을 작성해왔다. 목표가 없는 사람은 한심했고 시간 관리의 중요성을 모르는 사람을 보면 큰소리치며 훈계했다. 현재의 상황과 각각의 상황을 고려하지 않고 무조건 미래를 그리고 현재를 바꿀 계획을 세우라고 외쳤다. 내 표정은 매서웠고 목소리는 격앙되어 강의를 했다. '강사님 화난 거 아니죠?' 이 말을 참 많이 들었다.

경찰청에서의 만남과 조언은 나의 강사 인생에 큰 전환점이 되었다. 목표가 모든 사람들의 삶의 목적이 아니란 것을 그때 깨달았다. 현재를 유지하는 것, 나의 역할 안에서도 충분히 삶을 행복하게 살 수 있음을 알았다. 앞만 보고 달려온 나만 이 세상을 살아가는 게 아니었다. 꽃이 아름다움을 느끼고 성공보다는 나눔이 먼저인 사람이 있다는 것을 생각하지 못하고 살았다. 계획을 세우고 관리하고, 새로운 나를 훈련하는 것만이 자기 관리라고 생각했다. 그런 내가 기업과 대학에서 감히 10년이나 누군가에게 교육을 하다니…. 많이 부끄러웠다.

그 이후 변화하려 애썼다. 현재를 살아가는 나의 관점 역시 작성하기 시작했다. 감사를 썼다. 행복을 썼다. 부족한 것만 썼던 내가 풍족한 것을 찾아내는 새로운 관점을 갖기 시작했다. 타인보다 부족한 나를 발견할 때마다 불안하고 초조했던 나였다. 다른 관점으로 나를 바라보기 시작했더니 괜찮은 사람이었고 행복한 사람이었다. 욕심이 많아서 항상 시간에 쫓기듯 하루를 살았다. 쉬는 시간을 용납지 않았던 내가 일부러 쉬는 시간을 냈다. 강의보다 운동과 가족을 뒷전에 두었던 내가 건강과 휴식을 위해 강의를 거절하기 시작했다. 무엇이 내 인생에서 중요한지를 검토했고 정해진 우선순위 안에서 할 수 있는 것과 하지 말아야 할 것을 기록하며 구별했다.

다이어트를 위해 마음을 먹는 것은 매우 중요하다. 날씬하고 건강한 몸매로 예쁜 수영복을 입고 바다를 배경으로 멋진 프로필을 찍어보고 싶다. 상상만으로도 너무 행복하다. 하지만 결심만 한다고 그 목표가 이뤄지진 않는다. 더 중요한 것은 결단이다. 다이어트를 하기 위해 끊어내야 할 것이 먼저이다. 환경을 바꾸지 않으면 시행착오는 반복된다. 치킨이 좋아서 다이어트를 실패했다면 이번 다이어트 도전에서만큼은 치킨과 이별하는 것이 우선이다. 다이어트를 이루겠다는 결심보다 치킨과 이별해야 하는 결단이 먼저인 것이다.

아이 둘을 연년생으로 낳은 후 옆구리와 아랫배가 엄청 늘었다. 수유할 때는 힘들어서 쭉쭉 빠지던 몸무게가 5kg을 남겨두고는 멈췄다. 운동을 해야 하나 고민하다가 매일 마시던 맥주 한 캔과 매일 하나씩 뜯었던 컵라면과 이별했다. 그 결과 그 지긋지긋했던 5kg의 살덩이와 이별했다. 별거 없던 방법을 친구들에게 공유했다. 그러나 친구들은 아직도 "운동해야 하는데, 시간이 없어!"라고 외치면서 라면을 먹고 맥주를 마시고 있다.

자기 계발서를 많이 읽었다. 수업도 찾아다니며 들었다. 숱한 시간 속에서 배워나가고 많은 돈을 썼다. 그 시간과 정성 안에서 깨달은 것을 한 문장으로만 표현해보라고 하면 바로 이것이다.

"우선순위를 정하고 할 수 있는 것과 할 수 없는 일을 정비하라. 그리고 할 수 있는 것에 몰입하라."

<제3장>

사고의 훈련
마인드맵

디지털 마인드맵 vs 손 마인드맵
(feat. 마인드맵 글쓰기)

· · ·

"우리 수아와 진우가 이런 아이로 자라게 해주세요."

부드러운 아이였으면 한다. 사람과의 관계를 중요하게 생각하는 아이였으면 한다. 귀가 열려 있는 아이였으면 하고, 미소가 아름다운 아이였으면 한다.

강한 아이였으면 한다. 스스로의 결정과 믿음이 굳건한 아이였으면 한다. 약자를 보호할 줄 아는 힘과 마음이 있었으면 한다. 강자에게 숙이지 않고 당당하고 주장할 수 있었으면 한다.

신뢰가 있는 아이였으면 한다. 시간을 귀히 여기고 약속을 중요하게 생각하는 아이였으면 한다. 지키기로 약속한 것을 위해 계획을 세울 줄 아는 아이였으면 한다.

높고 깊은 사고력의 아이였으면 한다. 보이는 세상뿐만 아니라 보이지 않는 세상도 바라볼 줄 아는 아이였으면 한다. 가본 곳의 경험을 토대로 가보지 않은 곳의 호기심이 있었으면 한다.

호기심이 많은 아이였으면 한다. 상대에게 관심을 갖고 다가갈 줄 아는 아이였으면 한다. 많은 것에 궁금증을 품고 질문이 많은 아이였으면 한다. 집중하여 탐구하고 본질을 찾는 아이였으면 한다.

겸손한 아이였으면 한다. 타인의 괴로움과 고통을 공감하고 위로할 줄 아는 아이였으면 한다. 성찰을 통해 빠른 깨달음을 얻고 수정할 줄 아는 아이였으면 한다. 배우고 익힐수록 나눌 줄 아는 아이였으면 한다.

위 글을 쓸 때, 난 어떤 뇌를 사용했을까? 양쪽 뇌를 모두 사용하였다.
하나의 단어에서 나오는 파생된 단어를 분류했고 이어나갔다. 사랑하는 두 자녀의 성장하는 모습을 상상하며 작성했다. 분류는 좌뇌이고, 상상은 우뇌이다. 나열은 연상 작용이며 양 뇌를 함께 사용할 때야말로 폭발적인 글이 나오고 아이디어가 떠오를 수 있다.

3줄의 글쓰기도 어려웠다. 주제를 던져줘도 머릿속에 들어오지 않았고, 주제와 관련된 글쓰기 소재는 난감했다. 요리를 할 때를 떠올리면 쉽다. 어떤 요리를 할지 정하지 않았는데 재료만 있다고 해서 요리는 완성되지 않는다. 요리는 정했는데 재료를 구하지 못한다면 역시 그 요리는 완성되지 않는다. 생각을 펼쳐내고 정리하는 과정 안에서 우뇌와 좌뇌는 동시다발적으로 많은 과정을 통해 우리를 자극하고 필터링을 하며 결과물을 만들어낸다.

디지털 마인드맵 vs 손 마인드맵

'두 도구 중에 어떤 도구가 더 나은가요?'

질문이 잘못되었다. 효과적인 도구를 찾는다면 어떤 상황에 사용될지를 설명해주어야 답이 나온다.

많은 분들과 자료를 공유하고, 짧은 시간에 결과를 도출해야 하는 상황에는 디지털 마인드맵이 유리하다고 본다. 독서 모임이나 회의에서 빠른 맵핑을 통한 자료 공유가 필요할 때는 디지털 마인드맵이 효과적이다. 방대한 내용을 압축하여 분류할 때도 좋다. 작성되는 공간에 한계가 없어서 덧대어지는 작업에도 유리하다. 디지털 마인드맵은 공유와 협력, 통합적인 측면에서 매우 유용한 마인드맵 도구이다.

손 마인드맵의 강점은 단연코 내가 그려내는 그림과 색상이다. 그림을 잘 그리는 것이 중요하지는 않다. '어떤 그림을 그릴까?'라는 질문을 통해 우뇌가 자극된다. 선택한 그림을 관찰하고 따라 그리는 과정을 통해 관찰력이 발달하고 선택하는 능력과 공간을 활용하고 분류하는 능력이 향상된다. 뇌에서 신호를 보내 손으로 전달되는 과정 속에서 많은 감각들이 동원된다. 혀로 맛을 상상하고, 눈으로 색상을 바라보며 감정을 일으킨다.

글쓰기에서도 이 법칙은 통한다. 감각을 동원하며 표현할 수 있는 키워드를 찾는다. 키워드의 느낌과 감정을 통해 문장으로 덧붙인다. 상황과 과정을 표현할 수 있는 키워드를 계속 생각해내면서 무엇이 상위와 하위 개념인지를 구분한다. 때로는 은유적이고 때로는 사실적일 수 있게 구분한다.

예를 들면 이것이다.

'아이'라는 주제를 갖고 나온 가지에 '부드러운'이라는 키워드가 떠오른다. 이것은 우뇌다. 내가 생각하는 부드러운 아이의 이미지를 떠올렸다. 그 후에, 부드러움에 대한 하위 키워드를 뽑아낸다. 듣는 귀(청각), 사회적 관계, 그리고 미소(시각) 이렇게 3가지로 분류해낸다. 매끄럽게 이어질 수 있도록 하나의 문장으로 표현해본다.

한 문장을 더 살펴보자. '강한 아이'에서 난 '결정/보호/힘/주장'이라는 키워드를 생각해낸다. 좌뇌의 분류이기도 하고, 연상적인 우뇌이기도 하다. 떠오른 단어에 살을 입혀 문장이 완성된다.

모든 것은 통합적이다. 글쓰기도, 독해도, 수학적 사고력도 마찬가지다.

나 또한 10년간 손 마인드맵을 고집했다. 토니 부잔이 디지털 마인드맵을 인정하지 않았던 이유는 무엇일까? 우뇌와 좌뇌를 본질적으로 훈련시키는 도구는 단연코 손 마인드맵이라 생각해서이다. 하지만 이제는 시대와 트렌드가 급변하고 있다. 적용해야 하고 함께해야 한다. 디지털 마인드맵은 분명 사용하려는 목적에 따라 손 마인드맵의 활용성을 능가한다. 어떤 상황에, 어떤 목적을 갖고서 마인드맵을 사용하려 하느냐에 따라 우리는 선택하면 된다. 단, 부탁이 있다면 손 마인드맵을 먼저 접하신 후 디지털 마인드맵을 하셨으면 좋겠다. 마인드맵은 창의적 두뇌 훈련 도구이다. 손 마인드맵이야말로 토니 부잔이 강력하게 주장하던 '뇌'가 잘 사용되는 마인드맵의 기본이다.

다시 정리해보자. 손 마인드맵과 디지털 마인드맵을 함께 사용할 때 더 무궁무진한 효과를 볼 수 있다.

글쓰기도 말하기도 아이디어도 기획력도 서평도 마찬가지이다. 맵을 그려내는 것에 국한되지 않고 다양한 목적에 마인드맵이 사용될 수 있도록 바른 교육을 하고 싶다.

마인드맵적 사고의 훈련

"강사님은 그림을 잘 그리잖아요!"

미대를 졸업한 것은 맞다. 도자기 공예나 동양학과를 가고 싶었지만 아버지의 반대로 인해 디자인과를 갔다. 졸업을 하고 3년 정도 디자인 회사에서 근무했다. 유학을 다녀오거나 대학원을 졸업하지 않아서 초봉이 너무 낮았다. 비교당하고 인정받질 못하니 일이 즐겁지 않았다. 잘하는 것을 떠나 즐길 수 있는 일, 행복할 수 있는 일을 찾고 싶었다. 미술이라는 테두리 안에서 8년을 떠돌다가 내가 나 스스로를 낙오시켰다.

"그림을 잘 그리기 때문에, 혹은 전공자니까 마인드맵을 잘하는 것 같다!"라는 말을 들을 때면 기분이 썩 좋지 않다. 나 또한 디자인에서 낙오자가 되어 무엇을 하며 살아가야 하나 심각하게 고민하며 여기까지 왔다. 더욱 중요한 것은, 마인드맵과 미술 전공은 전혀 관계가 없다. 미술 전공과 무관하게 아니라, 마인드맵을 즐겼기 때문이다. 마인드맵으로 항상 기록했기에 지금의 이 자리까지 올 수 있었다.

"마인드맵을 통해 가장 크게 배운 것은 무엇인가요?"
질문을 받을 때 이렇게 대답한다.
"본질을 바라보는 눈이요."

가족을 위한 바람은 '행복과 건강'이다. 강사로서의 사명은 '전달'이다.
20대의 키워드는 '실패'였으며, 30대의 키워드는 '도전'으로 잡고 버텨왔다.
40대가 된 지금, 앞으로 10년간의 키워드는 '성장'이다.
요즘 도전하고 있는 사업의 본질은 '안정'이다. 나만의 다이어트에 있어서 본질은 '절제'이다.

핵심을 파악하고 본질에서부터 사고하는 훈련을 갖게 되면 모든 것은 심플해진다. 선택도 단순해지고, 우선순위가 쉽게 정해지기 때문에 계획도 잘 세울 수 있다. 빠른 처세술과 계발된 실행력, 명료한 계획성과 주도적인 선택 등 대부분의 습관들은 마인드맵을 통해 성장했다.

마인드맵에서는 중앙 이미지가 아주 중요하다. 반드시 중앙 이미지가 먼저 그려진 후 가지가 뻗어나가야 한다. 간혹 중앙에 이미지를 그리기가 어려워 가지를 먼저 그리는 경우가 있다. 그런 경우엔 꼭 가지가 뻗어나가려다 말고 다시 돌아온다. 중앙 이미지는 '힘'이다. 중앙 이미지는 본질이며 기본이고 뿌리이다. '힘'이 없으면 전체가 흔들린다. 우리의 생각도 마찬가지다. '무엇을 하려 했지?', '무엇이 중요하지?' 등의 본질을 중심에 두지 않으면 선택, 계획 모든 것이 흔들린다.

마인드맵은 중앙 이미지의 가치, 가지치기를 하는 좌뇌의 스킬, 이미지를 떠올리는 창의적 훈련, 생각의 벽을 두지 않는 습관 등이 중요하다. 마인드맵의 본질을 모르니까 '마인드맵이 예쁘게 그려지지 않아요.", "가지치기가 잘 되지 않아요."라고 말할 수밖에 없는 거다.

10여 년간 마인드맵을 그리다 보니 듣는 것, 말하는 것 모두 마인드맵처럼 생각하게 된다. 말하고자 하는 방향이 무엇인지를 생각하며 말한다. 상대방의 의도가 무엇인지 생각하며 듣게 된다. 급한 성격이고 논리적이지 못한 내가 마인드맵으로 자연스레 훈련이 되고 있다. 꼼꼼하지 않았지만 계획성이 생겼다. 게으른 성향이지만 부지런해졌다. 마인드맵을 통해 목표를 관리하게 되었으며 마인드맵이 있었기에 올바른 습관이 생겨났다.

마인드맵은 잘 그리는 것이 중요한 게 아니다. 주제에 대한 관찰과 고찰에 대해 고민하며 중앙 이미지로 표현하는 훈련이 더 중요하다.
생각을 정리하고 싶고, 창의적인 아이디어를 내고 싶은 것이다. 자녀가 공부를 잘하기를 원하고 좋은 습관을 형성하길 바란다. 스스로 계획을 세우길 바라고, 스스로 성찰하기를 바란다. 성과 위주의 사고보다는 성장에 집중할 수 있는 우리를 바라는 거다.

　자녀가 공부를 하는 이유를 분명히 알기를 원한다. 잠시 주춤하는 성적에도 비관하지 않을 수 있는 힘을 갖길 바란다. 저기 먼 곳에 스스로 세운 목표가 있고, 중간 언덕 즈음 쉴 수 있는 안식처를 계획할 수 있었으면 한다. 큰 꿈을 여러 개의 작은 꿈으로 나누어서 관리하며 작은 성취를 반복해서 맛볼 수 있는 자녀가 되었으면 한다. 때로는 토끼같이 질주하고, 때로는 거북이처럼 쉬어가는…. 그 모든 것을 스스로 선택할 수 있는 자녀로 성장했으면 한다.

　마인드맵은 결과로만 보이는 하나의 작품이 아니다. 사고하고 계획하고 피드백 할 수 있는 도구이다. 그림을 잘 그리고 가지치기를 많이 하는 일편적인 결과물로 비춰져서는 안 된다. 한 장의 마인드맵을 그려내기 위해서 10장의 마인드맵이 나올 수도 있다. 상상하는 비주얼을 찾아서 따라 그리는 중앙 이미지로 우뇌가 성장한다. 가지치기가 안 되는 그 과정 안에서 좌뇌가 자극된다. 영문도 모르고 따라 그렸던 다른 사람의 마인드맵을 통해 본질을 탐구하는 생각이 자라난다. 학습의 초심. 그것은 반복이다. 원리를 이해하는 것도 중요하지만, 바라기만 하고 과정을 넘어서는 것은 바람직하지 않다.

따라 그리기/ 매일 3장 그리기/ 완벽함 버리기

  온라인과 오프라인으로 10년간 마인드맵을 교육했다. 가장 중요하게 안내했던 점이다. 중앙에 이미지를 잘 그리는 방법을 강조한 적 없다. 가지치기를 잘하는 대단한 노하우를 갖고 있지도 않다. 하나부터 차근차근 생각을 해 나가는 과정과 그로 인한 성장이 마인드맵의 본질이다.

  강사의 본질은 교육의 나눔이 사명인데, 마인드맵을 알기 전에는 비교와 경쟁이 나를 옥죄었다.

  부모님의 건강이 가장 바라는 소원이었지만 아버지의 무조건적인 기대와 반복되는 실망 속에서 서로를 향한 높은 원망의 벽만 쌓아왔다. 아이의 행복이 가장 바라는 소원이었지만 옆집 아이와의 성적과 남다른 성장발달을 비교만 하며 시간을 보냈다. 마인드맵 덕분에 사람이 됐다. 강사라는 직업 안에서 이토록 자유롭다는 것이 행복하다.

  복잡한 일이 생길수록 마인드맵을 작성한다. 무엇이 우선순위인지, 무엇을 걸러내야 하는지가 명료해진다. 결과물이 아니라 과정! 그것이 본질이다. 마인드맵으로 하는 사고의 훈련은 실패하는 과정을 거쳐 이뤄내는 성과를 향한 훌륭한 도구이다.

첫 단추는 중앙에서

. . .

- 중심이 되는 중요한 곳
- 사방의 중심이 되는 한가운데
- 양쪽 끝에서 같은 거리에 있는 지점

마인드맵에서 중심 이미지가 갖는 파워는 크다.

앞서 말하였던 것처럼, 중심 이미지는 '핵심'으로서의 가치를 지닌다.

생각의 '주제'가 핵심이다. 그것을 뒷받침하는 다양한 가지의 생각들은 핵심을 뒷받침하는 '부수적인' 요소이다. 논리적인 근거도 중요하지만 무엇보다 핵심에서 벗어나지 않는 연관성이 더 중요하다.

풀어야 할 '문제' 또한 핵심이다. 해결하기 위한 사고를 하는데 자꾸만 생각이 다른 길로 빠진다. 친구와 다퉜던 마음을 어떻게 풀어내야 할까를 고민해야 하는데 자꾸 과거에 다투었던 또 다른 생각들이 지배한다면, 그것은 핵심에서 벗어나는 것이다.

생각이 엄청난 속도로 뻗어나갈 때, 무엇이 본질이고 문제인지가 생각의 중앙에 잘 배치해 있어야 한다.

마인드맵을 하고부터 중심 이미지에 집중했다. 감정적인 내가 중심 이미지에 집중하면서부터 해결 방안에 대한 궁리를 했다. 마인드맵의 가지치기가 날 그렇게 훈련시켰다. 사람들은 자꾸 과거에 얽매여 현재를 산다. 해결 방안을 궁리하기 위해선 과거보단 미래에 집중한다. 이미 벌어진 일에 대해서는 철저히 피드백을 하고, 똑같은 결과와 만나지 않기 위해 예측하며 계획했다.

덜렁대던 내가 차분해졌다. 상황에 직면하면 머릿속에 마인드맵이 펼쳐졌다. 몸은 한 박자 늦어도 머리는 빠르게 사방으로 뻗어나갔다. 무엇이 원인인지 파악하고 예상되는 다각도의 상황을 만들어냈다. 선택하고 행동한 후에 벌어질 일에 대해서 예측했다.

일단 쓰고 봤다. 그저 끄적이는 도구일 뿐이니 쓸까 말까 고민할 이유가 없다. 중앙에 커다랗게 주제를 작성하고, 생각이 멈추면 멍하니 들여다본다. 생각이 나면 쓰고 생각이 나지 않으면 색연필을 들어 빈 공간에 그림을 그렸다. 그림이 그려지지 않으면 눈앞에 있는 것을 관찰하며 따라 그린다. 한동안 그림과 색칠에 집중하다 보면 머리가 자유로워진 느낌이 든다. 기분이 좋아지면서 시야가 넓어지고 주제가 눈에 다시 들어온다. 그리고 나서야 생각이 뻗어 나간다.

반복되는 마인드맵 습관 속에서 생각의 패턴을 배웠다. 정답은 한 번에 나오는 게 아니라 과정 속에서 나타난다는 걸 배웠다. 한 가지 좋은 방법이 떠오르기 전에 수많은 생각이 펼쳐지기도 하고 버려지기도 한다는 것을 배웠다. 우리의 뇌는 직선적인 사고를 하는 것이 아니라 방사적이고 자유로운 사고 안에서 활동하기를 좋아한다는 것도 배웠다. 당장은 아니더라도 해답을 도출할 수 있으며, 눈에 보이게 작성함으로 인해 더 빨리 답을 찾을 수 있음을 배웠다. 눈과 손은 함께 움직이는 것을 배웠다. 생각은 흘러감 속에서 움직이고 찾아간다는 것을 배웠다.

가장 중요한 배움은, 늘 중심이 있음을 기억해야 한다는 것이었다.

공부하지 않는 아들에게 '공부는 왜 해야 하는 거라고 생각해?'라고 묻는 부모가 되어보자. 영문도 모르는 채 고가의 학원을 전전하는 요즘 아이들. 부모의 입장에서도 '왜'라는 질문에 대한 답변을 잘할 수 있을까. 대기업 취업? 명문대 입학? 돈 많이 벌기 위해? 이 목표를 위한 방법이 비단 공부밖에 없는 것일까.

28세가 되도록 난 내가 잘하는 것이 무엇인지 알지 못했다. 무엇을 잘하는지 무엇을 하고 싶은지를 몰라서 그냥 배웠다. 닥치는 대로 등록했고 보이는 대로 읽고 발길 닿는 곳에서 모든 것을 익히려 했다. 교육에 많은 돈을 투자했다. 젊은 시절을 경험하고 배우는 데 모든 시간을 쏟았다. 연애와 취미는 사치였다. 어느 순간 공허함이 가득차고 실패감에 좌절할 때 내게 던졌던 질문은 '무엇을 위해 이렇게 사는가'였다. "왜 이렇게 열심히 살아?" 스스로 던진 질문에 스스로 답할 수 있었던 한 가지 키워드는 바로 가족이었다. 가족의 안정과 가족의 건강을 위해서는 내 시간과 돈은 중요치 않았다. "왜"라는 질문을 던지면 다시 힘낼 수 있었다. 가족이라는 두 글자가 주는 에너지는 엄청났다. 그 두 글자로 나의 거세게 흔들리던 20대를 버틸 수 있었다.

바쁜 워킹맘으로 살면서 아이들에게 줄 수 있는 선물은 '질문'이었다. 아이를 안고 인사를 건넬 땐 물었다. "오늘은 누구랑 이야기했어?", "어떤 이야기할 때 행복했어?", "엄마가 왜 보고 싶었어?", "아빠랑 뭐하고 놀고 있었어?", "왜 속상한 거야? 마음이 어땠어?"

엄마가 얼마나 많은 질문을 던질 수 있느냐에 따라 아이는 사랑을 느끼고 관심을 받아들인다. 주고받는 대화 속에서 많은 정보의 교류뿐만 아니라 감정의 교류도 일어난다. 원래 말이 많았던 엄마, 원래 말이 적은 아빠가 중요한 것이 아니라 질문의 패턴을 익혀서 습관화해보는 것을 제안하는 것이다.

마인드맵의 본질 속에서 핵심을 파악하는 훈련은 상대에 대한 관심을 고찰하게 만든다. 핵심을 파악하는 훈련은 내 안의 본질이 흔들리지 않도록 붙잡아준다. 마인드맵의 중심은 키워드 혹은 이미지로서 뇌에 각인되어 하루의 모든 것이 그 안에서 움직일 수 있도록 방향을 설정해준다. 마인드맵의 주제를 정하는 것이 어렵다고 많이들 이야기한다. 고민/ 궁금증/ 문제/ 관심/ 관찰 그 어떤 것이든 상관없다. 지금 바로 생각나는 것을 중앙에 작성하고 끄적여 보자. 생각은 하찮은 것에서 시작될 수 있지만, 기존의 것에서 파생되어 쏟아지는 수많은 생각은 처음엔 상상조차 하지 못했던 답을 갖고 나를 놀라게 만들 것이다.

색의 미학

· · ·

    고등학교 3학년 때 서예 학원을 다녔다. 무채색의 안정감이 좋았다. 붓의 터치로 표현하는 무게감이 멋졌다. 동양화과를 지원하고 싶었지만 아버지의 반대에 부딪혀 디자인과를 지원했다.

    연필을 들고 데생(연필 소묘)을 하는 것은 그런대로 괜찮았다. 하지만 도저히 적성에 맞지 않는 것이 바로 채색이었다. 어울리는 배색을 찾는 것과 색상으로 독창적인 감각을 표현하는 것이 너무 어려웠다. 디자인에서 색감은 매우 중요하다. 그러나 내겐 색을 보는 재능이 없었다. 훈련한다고 될 수 있는 건 아닌 것 같았다.

    액세서리도 좋아하지 않는다. 무채색의 옷이 편하다. 피부가 드러나는 옷도 좋아하지 않는다. 미용실도 자주 가지 않았다. 화장을 할 줄 모르고 쇼핑도 재미없다. 쇼핑에 관심 없다 보니 옷도 별로 없다. 30대 초반 강사 시절, 너무 촌스러워 같이 다닐 수가 없다며 백화점에 끌고 가서 옷을 사줬던 친구도 있었다. 미술을 전공하는 애가 어쩜 그리 멋대가리 없냐는 소리를 많이 들었다. 전공을 잘못 선택했다는 생각을 많이 했다.

그런 나의 삶에 마인드맵이 찾아왔다.
예쁘고, 화려하고, 시각적인 마인드맵! 내 인생에 어울리지 않을 도구였다. 그렇게 단정 지었었다.
잘할 수 있겠다는 생각을 했으면 시도하지 않았을 것이다. 그저 예쁜 필기 방법이고 어차피 아무도 보지 않을 테니 혼자서만 해보자 하고 시작했다. 내 전공을 아는 사람도 없었고 어차피 일과는 상관없으니 그냥 해보자는 마음으로 시작했다.
마음대로 색칠하고 마음대로 끄적였다. 검은 펜으로 평범하게 쓰이던 필기에 색상을 입히니 곱게 화장한 것 같은 기분 좋은 느낌도 함께 입혀졌다. 빈 공간을 그림으로 채워 넣었다. 답답했던 흰 종이가 활력이 생겼다. 못 그려도 괜찮았다. 자신감 있게 그려 넣을 수 있는 것만으로 좋았다.
쉬는 시간에 자신 있게 마인드맵을 펼쳐놓고 화장실을 갔다. 일부러 펼쳐두고 갔다. 자리에 돌아오니 지나가던 사람들이 관심을 갖고 마인드맵을 들여다보고 있다. 모두들 내용 하나하나 보는 게 아니라 독특하게 쓰인 필기 자체에 관심을 가졌다. "방금 같이 들은 강의로 바로 이렇게 작성하신 거예요?" 놀라워했고 사진을 찍어도 되냐고 물었다. 어느 곳에서나 '마인드맵 잘 그리던 사람'으로 기억되었다. 점점 더 자신감이 생겼다. 블로그에 올리고, 설명을 덧붙였다. 공개적인 곳에 마인드맵을 올린다는 것이 처음엔 부끄러웠지만 그 누구도 내 색상에 대해, 그림에 대해 평가하지 않았다. 너무 신났다. 타인의 평가에서 벗어나고 게다가 완벽하려고 애썼던 내 마음을 내려놓으니 모든 것에서 자신 있어졌다.

지인의 소개로 숙대 교수인 김옥기 교수님을 찾았다. 색상을 중앙에 적고, 질문을 통해서 상대방의 생각, 느낌, 감정을 마인드맵으로 풀어내고 계셨다.

레드하면 떠오르는 것은? 열정! → 어떤 때 나는 가장 열정적이었나? 배울 때, 그리고 누군가에게 알려줄 때! → 알려주는 것이 왜 그렇게 뜨거운가? 내가 상대에게 필요함을 느끼는 것이 너무 행복하다! → 그 행복은 어떤 느낌인가? 따뜻해! → 따뜻함을 느꼈던 또 다른 순간이 있는가? 내 아이를 품에 안고 누워 있을 때! → 왜 따뜻하다고 느끼는 걸까? 품속에 있을 때의 온기가 따스해서. 내 사랑이어서! → 그 사랑이 큰가, 작은가? 아이는 작지만 엄청 크다. 이글이글 타오르는 해님처럼 엄청 크고 따스하다.

계속 질문을 던지고 스스로 답했다. 끝없는 단어들이 칠판 가득 채워졌다. 마인드맵에서 자주 설명하는 '연상 작용'이었다. 더 놀라운 것은 이것이었다. 머릿속에 나오는 모든 것이 바로 그 색상의 상징어라는 것!

레드: 열정/ 배움/ 존재감/ 행복/ 온기/ 사랑/ 큰 사랑

수업 시간마다 3가지 색상에 대해 끝없이 질문했고 탐구했다. 과거와

현재, 미래를 오가며 상상했고 추억을 떠올렸다. 생각을 나열했고 감정을 파헤쳤다. 설명할 수 있는 문장과 단어를 쏟아냈다. 그 모든 것이 그 색상의 의미였고 상징이었다.

색상을 모르던 내가? 색상을 어려워했던 내가? 두려움마저 느꼈던 그 색상이 나를 표현해주고 있었다. 아침마다 골라 입던 옷, 나도 모르게 손을 뻗어 골라잡았던 색연필, 마인드맵을 꾸밀 때마다 짧은 매 순간 결정하며 표현해냈던 색상들이 결국 나의 생각이었고 느낌이었고 감정이었고 성향이었고 꿈이었다.

토니 부잔은 왜 마인드맵 기본 원칙에 '색상'을 넣었을까.

토니 부잔은 왜 디지털 마인드맵에서 자동적으로 색상이 선택되는 부분을 못마땅하게 생각했을까. 사람들은 왜 손 마인드맵을 작성할 때 색상이 주는 의미를 궁금해 하면서도 어려워할까.

컬러를 배웠지만 컬러를 안다고 하고 싶지 않다. 내가 느끼는 것이 곧 그 컬러임을 이야기하고 싶다. 자신 있게 예쁘게, 마인드맵을 작성할 시에 손이 가는 대로 채색하고 꾸미기.

그것이 마인드맵에서 색상이 갖는 의미인 것 같다.

그러고도 만약에 색상에 대한 궁금증이 여전하다면, 스스로에게 질문을 던져보자.

첫 번째, 현재 나는 긍정적인가/ 부정적인가

두 번째, 이 컬러를 보면 무엇이 생각나는가/ 왜 그렇게 생각하는가/ 연이어 생각나는 것은 무엇인가

세 번째, 이 컬러로 말할 수 있는 내 감정의 키워드는 무엇인가

네 번째, 감정의 전환이 필요하다면 어떤 색상을 가져오고 싶은가

다섯 번째, 고른 두 번째 컬러의 키워드는 무엇인가

여섯 번째, 그 컬러를 몸에 지닌 내 모습을 상상해보자. 어떤 모습인가/ 지금 어디에 있는가/ 무엇을 하고 있는가 (생략)

색을 두려워하지 않고 나니 도구의 사용이 더 즐거워졌다.

도구의 사용을 즐거워하는 엄마를 보고, 아이가 더 즐거워한다.

도구에 대해 이해한다는 것. 그것 역시 마인드맵이 내게 준 선물이다.

생각 가지치기

. . .

가장 좋아하는 질문이 있다. '왜'라는 질문이다.

왜 사는가?
왜 행복하고 싶은가?
왜 미래를 준비하는가?
왜 이 책을 읽고 있는가?

스스로에게 던지는 '왜'라는 질문은 너무 중요하다.
이유를 분명히 알지 못하는 사람은 쉽게 흔들린다.
다들 'HOW'에 관심을 갖지만 더 중요한 건 'WHY'이다.

마인드맵이 좋았던 이유는 스스로 질문할 수 있게 만들어준 도구이기 때문이었다.

행복에 대해 써볼 수 있었고, 건강에 대해 써볼 수 있었다.

장점에 대해 써볼 수 있었고, 미래에 대해 써볼 수 있었다.

물론 나 역시 처음엔 가지가 잘 뻗어가지 않았다.

하지만 중앙 이미지가 힘 있게 받쳐 주고 있었기 때문에 계속된 질문을 거듭하며 가지를 채워나갈 수가 있었다. 가지를 채우는지 못 채우는지가 중요한 게 아니라, 계속된 질문에 고민하며 결국 채워낸 게 중요한 것이다.

2008년, 강사의 길에 들어서며 책을 읽기 시작했다.

안 읽던 책을 읽으며 횟수에 도전했다. 1권, 2권, 3권…. 책 권수가 늘어날수록 너무 뿌듯했다. 그런데 어느 순간 '그 책이 그 책'이라는 건방진 생각이 들기 시작했다. 감히 저자의 생각을 제대로 이해하지도 못했으면서 말이다. 글자만 훑는 독서법에 길들여지기 전에 바로잡아야겠다는 생각이 들었고, 다행히도 마인드맵에 관심을 갖기 시작한 상황이라서 두 가지를 연결해보기로 했다.

중앙에는 책 제목을 썼고, 그날 읽은 만큼의 페이지에서 가장 꽂힌 단어들을 3~4개 골라서 첫 번째 큰 가지에 작성했다. 큰 가지와 관련된 중간 가지 단어들을 본문에서 골라 작성했다. 좌뇌를 건드리는 부분이었는데, 분류적 사고가 이때 훈련되었다.

중간 가지까지 작성이 되면, 그때부터는 나의 사고가 시작되었다. 소위 '연상 작용'을 일으키는 부분이었는데, 중간 가지 위 키워드를 갖고서 질문을 스스로에게 던지는 것이었다.

"자, 이 키워드를 보고 넌 지금 어떤 생각이 나?"
"이 키워드와 연관된 어떤 행동을 해야겠어?"
"이 키워드와 다른 의견이 있어?"
"누구에게 이 키워드를 선물하고 싶어?"
"이 키워드에 대한 느낌은 어때?"
"왜 그렇게 생각해?"
"하기로 마음먹은 그 행동은 언제 하면 좋겠어?"
"그 생각을 뒷받침할 또 다른 키워드는 뭐야?"

계속 이어지는 창의적 질문들은 우뇌와 좌뇌를 함께 건드렸다.
책과 대화하는 듯한 독서가 이뤄지니, 읽었던 책도 새롭게 다가왔다. 확실히 책을 통해 내가 성장하는 느낌을 크게 받을 수 있었다.

하브루타 교육에서 말하듯이 사람은 질문을 통해 사고의 확장성이 매우 많이 커질 수 있다.
상대에게 질문을 던지는 것도 많은 훈련이 필요하고, 질문에 답하는 것도 많은 훈련이 필요하다. 한 가지 질문에 다양한 갈래의 가지를 뻗어서 상상하듯 설명하는 것은 마인드맵 속에서 얼마든지 훈련할 수 있다.

"좌뇌가 없이 태어났어요!"

특강에 설 때마다 우스갯소리로 했던 나의 소개이다. 강의장에서 나를 만난 사람들은 내가 원래부터 상당히 계획적이고 꼼꼼하고 빠른 행동의 추진력 있는 사람이라고 믿어 의심치 않는다. 하지만 나는 실제로 매우 게으르고, 시간관념이 부족하고, 덜렁대며 계획적이지 못한 사람이다. 그런 내가 이렇게 개발될 수 있었던 것은 모두 마인드맵 덕분이다.

책 한 권을 읽어도 그 안에서 내가 할 수 있는 생각과 행동을 꺼내는 훈련. 그것은 온통 마인드맵이다. 책 모든 공간에 마인드맵을 끄적였고, 책을 읽고 나서 다른 종이에도 마인드맵을 그렸다.

다른 사람의 생각과 경험을 보는 것도 중요하지만, 그 생각과 경험이 내 것이 될 수 있도록 기록하는 것이 훨씬 중요함을 깨닫는 것. 마인드맵으로 인한 내 머릿속 시각화는 얼마를 주어도 바꿀 수 없는 비싼 도구이다.

마인드맵 + 독서
= 맵독

· · ·

    2010년부터 크고 작게 독서 모임을 주최해왔다. 강사들 대상으로만 진행할 때도 있었고 일반 직장인, 학생들과 함께 진행할 때도 있었다. 대상과 방법을 다양하게 경험하며 독서의 의미를 찾고 독서를 통해 함께 성장했다. 셀프리더십이라는 콘텐츠로 강의를 하게 된 것도 독서 모임 덕분이었다. 병원 서비스 강의를 시작으로 한동안 김밥천국(주문하는 대로 요리되어 나오는 메뉴가 있는)과도 같은 강사 생활을 했다. 하면 하라는 대로 주문받은 만큼 해내는 몫이 내 것이었다. 독서 모임을 하는 과정 속에서 나의 특징을 발견했다. 어떤 책을 읽어도 과제를 만들어냈다. 이 책을 다 읽고 나면 난 무엇을 해야 하지? 저자와 같은 삶을 살고 싶다면 난 어떤 변화된 행동을 해야 하지? 무엇을 본받아야 할까? 끝없는 질문의 연속을 통해 내가 실행해야 할 리스트들을 작성했다. 발견한 특징과 질문에 대한 답 속에서 나만의 콘텐츠를 발견해 여기까지 왔다.

《내 인생 5년 후》(하우석 지음) 책을 읽고는 책의 빈 공간에 마인드맵을 작성했다. '5년 후의 악몽을 꾸어라' 소제목을 중앙 이미지로 두고, 가정의 악몽 & 사업적 악몽을 생생하게 작성했다. 건강하지 않은 나의 몸, 재정적 가난의 대물림, 화목하지 않은 부부 사이로 인한 선택적 불신의 반복…. 무서운 단어들이 나열된다. 사업의 실패로 인한 시간의 낭비와 "그럴 줄 알았어"라며 손가락질하는 사람들의 시선, 이도 저도 아닌 나의 스펙으로 인한 노년의 불안정한 삶…. 생각도 하기 싫다. 다이어리를 꺼내들고는 다른 5년 후의 인생을 작성하기 시작했다. 나와 가족들의 5년 후 나이를 작성하고 성장한 모습을 기대하며 마인드맵을 뻗어 나가 보았다. 일단 기분이 좋다. 이미지로 연상되는 부분은 그림으로 그려 본다. 좋은 기분을 이어나가, 그러한 미래를 위해서 내가 지금 해야만 하는 일을 집중해본다. 생각보다 당장 선택하고 시작해야 할 일이 많다. 그 일들을 다이어리에 옮겨 체크리스트로 기록했다. 계획하고 기록한 것들을 그때그때 실행하며 나는 나의 5년 후를 준비하고 있다.

《핑크펭귄》(빌 비숍 지음) 책이 기억에 남는다. '고객이 스스로 찾아오게 만들어라'라는 소제목을 보고 정말 오랜 시간 고민했다. 생각나는 다양한 방법들을 머릿속에서 거르지 않고 종이 위에 그대로 옮겼다. 블로그 작성, 기존 고객 관리 노트 만들기, 유튜브 시작, 팟빵 아이디 만들기, 책 쓰기, 무료 공개 강의하기, 인스타에 재능 기부 강의 모집, 동네 엄마들 대상 강의하기…. 이 중 대부분을 행동으로 옮겼다.

독서 → 생각하며 기록 → 가지치기하며 고민 → 일단 실행

책은 내게 스승이었다. 숙제를 주고 피드백 해주는 스승.

많은 사람들이 책을 스승이라 이야기한다. 끊임없이 독서 모임을 주최하고 많은 독서 모임을 기웃거린다. 하지만 실행력을 이끌어내는 독서 모임은 많지 않다.

독서에서 실행을 이끌어내는 시스템을 구축하고 싶었다. 마인드맵으로 좌뇌가 훈련되고 있지만 여전히 완벽하지는 않다. 좌뇌 역할을 해줄 만한 누군가가 필요한 그때. 2018년 강남에서 진행하고 있던 독서 모임에 그가 나타났다.

《마흔 책과 사랑에 빠지다》와 《독서는 어떻게 삶의 무기가 되는가》 두 책의 저자 허필선 작가님이다. 기업 사장님 포스를 풍기던 첫 만남에서 독서의 깊이를 알고는 깜짝 놀랐다. 상당히 내성적일 것 같던 인상에서 나오는 썰렁한 아재 개그에 두 번 놀랐다. 애 키우랴 강의하랴 사업하랴 정신없던 내게 함께 온라인 독서 모임을 해보자는 제안에 세 번 놀랬다. 여러 번 나를 놀라게 만든 허 작가님과 만든 것이 '마인드맵과 독서' = [맵독]이다.

책을 읽는다. 읽고 인상 깊은 구절에 밑줄을 긋는다. 고개를 끄덕이며 페이지를 넘기다가 다 읽으면 덮는다. 이것이 독서의 1단계 수준이다. 2단계는 이제 모임에 참석한다. 똑같이 밑줄을 긋고 모임에 참석한다.

그리고 같은 책을 읽은 분들의 발표를 듣고 기록한다. 끝났다. 비로소 독서의 3단계는 나누는 것이다. 듣는 것을 넘어서 나의 생각을 발표한다. 입을 거쳐 나온 나의 생각은 귀를 통해 다시 나의 머리로 들어간다. 독서의 4단계는 그렇다면 뭘까? 바로 실행이다. 보고 깨닫고 듣고 말하는 것을 넘어 실행하는 것이다.

맵독에서는 마인드맵의 특징 중 [키워드 + 가지치기]를 통해 책 문장 너머의 나의 생각과 실행을 끄집어내는 것을 목적으로 한다. 마인드맵을 창시한 토니 부잔은 강조했다. 뇌는 문장보다는 키워드를 좋아하고, 키워드보다는 그림을 좋아한다고 말했다. 책의 빈 공간에 그림을 그려 넣으면 좋겠는데…. 직접 해보니 쉽지 않다. 그림은 쉽지 않았지만 키워드의 중요성을 연결하고 가지치기하며 생각을 이어나가니 꽤 괜찮다. 외쳤다. 유레카!

문장에 밑줄 그었던 습관에서 단어에 동그라미 치는 습관을 들였다. 그리고 가지를 뻗쳐 연상되는 키워드를 뽑아냈다. 책 내용과 무관해도 상관없었다. 책 문장에 '상생'이라는 키워드에 동그라미를 쳤다면 내가 생각하는 상생과 관련된 키워드를 사방에 그려 넣었다. 본문 글자와 겹쳐도 되고 본문 옆 빈 공간으로 가지를 쭉 뻗어내와도 상관없다.

상생 → 나눔/ 함께/ 성장/ 살아내기/ 도움/ 가치/ 서로/ 손/ 마주 봄/ 한 방향

최대한 다양한 키워드를 뽑아내려 애썼다. 그리고 뽑아져 나온 키워드와 관련된 나의 생각을 또 작성했다. 단어도 괜찮고 문장도 괜찮았다.

나눔: 모든 것을 공유하자. 블로그, sns에 기록하자. 책을 쓰자. → 책을 쓰기 위해 새벽 6시 기상하자.

가치: 가치가 있는 일이어야 끝까지 갈 수 있다. 나의 가치는 '영향력'이다. 아낌없이 알려주자. 무료 강의 일자를 정하자.

한 방향: 끼리끼리 → 같은 꿈을 갖고 있는 사람 만나기 → ○○모임 참석 → ○월 ○일 ○○시 역삼역

책이 다이어리가 되었고, 책이 일기장이 되었다. 책이 낙서장이 되었다. 끄적인 페이지가 늘어갈수록 '정말 읽었다. 내 것이 되었다. 나를 성장하게 한 책이다'라는 생각에 뿌듯함이 컸다. 그리고 그렇게 쌓인 내 책을 보며 여덟 살 수아가 말했다. "엄마, 나도 책에 낙서해도 돼요?" 아이가 책에 낙서하기 시작했다. 엄마와 같은 방법으로 키워드를 발견해냈고, 키워드에 삐죽삐죽 가지를 만들어냈다. 마인드맵 독서 교육의 시작이었다.

감정 관리 마인드맵

앞서 '감정의 시각화'에 대해 이야기한 바 있다.

이 책을 통틀어서 이야기하고 싶은 가장 중요한 키워드를 꼽으라 하면 '시각화'이다.

눈에 보이게 쓴다는 것은, 나의 뇌를 돕는 일이다. 정리를 도와주고, 선택을 도와주는 일이다.

돌아갈 수 있는 힘든 여정, 길 위의 시간을 절약해 줄 수 있는 나침반과 같은 것이다.

보이지 않는 것을 보게 하는 것이 '필기'이다. 손끝을 통해 시각화한다는 것 역시 훈련이 되지 않으면 결코 쉽지 않다. 분명 10여 년 전의 나는 블로그에 3줄도 글을 쓰지 못했던 사람이다. 어차피 당시 나의 블로그는 아무도 들어오지 않았다. '누가 볼까 봐' 쓰지 않는 것이 아니라 '나라도 보기 위해' 블로그에 글을 썼다. 3줄이었던 실력은 계속 반복하는 과정을 통해 한 권의 책을 쓰고 저자라는 호칭이 붙을 정도로 날 성장시켰다.

머릿속의 생각을 맘껏 시각화할 수 있게 된 후에는 '선택'을 하면 된다.
나의 생각을 눈으로 보며 이해했기 때문에 선택은 보다 명확하고 심플해질 수 있다.
"고민이 많아요~" "무슨 고민인가요?" 보통 본인의 고민이 정확히 무엇인지조차 모르는 사람이 너무 많다. 선택의 폭이 어느 정도의 너비인지도 모르는 경우가 허다하다.
고민이 무엇인지 정확히 파악하고, 선택할 수 있는 경우의 수를 정확히 알아야 해결할 수 있다.

감정의 기복이 심한 나는 특히 더하다.
하루에도 열두 번의 고민과 방황이 찾아왔다. 지인에게 털어놓으며 선택과 해결을 부탁했던 것은 이제 젊고 어렸을 때의 방법이 되었다. 이제는 나이가 찰 만큼 차서 그럴 수도 없다. 털어놓기 부끄러운 일도 허다하고 털어놓을 시간조차 없이 바쁜 생활이다.
스스로를 관찰하고 스스로를 통제해야겠다고 시작하면서부터 더욱 마인드맵에 매달리기 시작했다.

《왓칭》이라는 책을 추천한다.

독서 모임을 통해 알게 된 이 책은 제3의 눈을 갖고서 나를 관찰할 수 있는 계기를 마련해주었다.

나의 행동을 관찰하고, 보이지 않는 나의 감정까지 끌어내 볼 수 있도록 해주었다.

- 무슨 상황인가
- 선택지는 무엇이 있는가
- 나의 감정은 어떠한가
- 어떤 결과를 바라는가
- 예상되는 고민은 무엇인가

거르지 않고 쓰는 것이 중요하다. 가장 기본적인 좌우로 대칭하여 나열해보는 것이 중요하다.

생각에서 마무리 짓고 쓰는 것이 아니라, 쏟아낸 후 선택하는 것이 순서이다.

책을 쓰는 과정 중 코로나가 닥쳤다. 위기 속에 강사 세계는 SNS에 갇혀버렸다.

줄줄이 취소되는 강의 일정 속에 많은 강사들은 패닉과 방황을 기록하고 있다. 그 안의 누군가는 이 시간을 이용하며 배움에 힘쓰고 있다. 모든 상황이 들여다보이는 SNS를 바라보며 나는 어떠한가 한번 살펴보았다.

- 무슨 상황: 예상해본 적 없던 바이러스 세상. 코로나로 인해 모든 것이 취소되었고 멈췄다.

- 선택지는 무엇인가: 강의 외에 차선책(부업) 대비해야 함 / 온라인 교육으로의 태세 전환

- 나의 감정은?: 불안함/ 무서움/ 외로움/ 답답함

- 어떤 결과를 바라는가: 안정되는 마음. 비교하지 않는 마음. 불안해하지 않는 마음

- 예상되는 고민: 다시 새로운 것을 배우고 준비해야 하는가/ 하고 있는 온라인 맵 스쿨에 집중할 것인가/ 온라인 맵 스쿨 발전을 위해 추가해야 할 것을 마련해야 하는가/ 지도자(강사) 과정을 위한 협회 만들기에 도전할 것인가

감정의 관리는 보통 '비교'에서 오며 '상황' 속에서 온다.
그렇기 때문에 감정의 관리를 위해선 상황의 직시가 매우 중요하다.
체계적이지 않고 즉흥적인 성향의 나이지만, 마인드맵이라는 도구를 접하고 나서는 분석하는 것에 많이 집중했던 것 같다. 가지치기를 통해 분석하고 직시하고 선택하는 과정들을 꾸준히 훈련하게 되었다. 목적이었다기보단 자연스런 습관으로 자리 잡았다.

목표를 이루는 것도, 시간을 계획하는 것도, 그리고 감정을 들여다보고

스스로 알아채며 해결해보는 것도…. 결국 이야기하다 보면 하나로 통한다.

　내면의 세계를 들여다보며 눈으로 볼 수 있도록 시각화해야 한다. 뇌는 눈을 통해 보는 것에 민감하게 반응하며 또한 시각화를 통해 명령받은 것을 수행하길 원한다.

　처음부터 되지 않는다. 자꾸 써보자. 당장 만족할 만한 결과가 나오지 않아도 훈련임을 알고 차곡차곡 쌓아보자. 급할수록 돌아가자.

우뇌 좌뇌 마인드맵

· · · ·

우뇌는 창조적인 일에 뛰어나다.

상상/ 공상/ 표현/ 감정/ 음악/ 직관적인/ 인식/ 느낌/ 색상/ 주관적

위 키워드들은 대표적으로 우뇌를 표현한다.

우뇌는 느낀 그대로를 잘 반영한다.

나는 지극히 우뇌적인 사람이다. 물론 디자인적 감각과 색상과 관련된 표현에서는 다소 부족했지만 상상하는 것을 즐겼고 표현하는 것에는 두려움이 없다.

우뇌적인 성향이었기 때문에 마인드맵을 쉽게 접했을지도 모른다. 도구에 불과했고 그저 즐거웠기 때문에 손에 익혔다. 나의 마인드맵에 관심을 갖고 봐주는 사람들 또한 직관적인 결과물이었을 것이다.

단어를 하나 생각하면 연관적인 추억을 떠올리거나 다양한 아이디어들이 쏟아져 나온다. 물론 그 추억과 아이디어 중에 특별히 쓸 만한(?) 것들은 없을지언정 '생각이 참 많다'라는 표현 안에서 나름 즐기는 편이다.

좌뇌는 논리적인 기술이 강하다.
언어/ 비판적/ 사로/ 추론/ 비교/ 분석/ 논리/ 숫자/ 규칙/ 객관적
좌뇌의 키워드이다.
좌뇌는 우뇌에 비해 조금 더 세밀하다. 표현보다는 사실에 집중하며 표현보다는 분석에 집중한다.

남편은 좌뇌형이다. 대화를 할 때도 감정에 공감하기보다는 사실에 집중하고, 해결 방법에 신경을 쓴다.
부부를 대상으로 강의하다 보면 대부분이 반대되는 성향과 결혼을 한다. 나와 다른 성향에 매력을 느끼고, 서로가 서로의 빈틈을 메워줄 것이라는 기대(?)가 있기 때문이다.

엄마 아빠의 성향도 서로 다르듯, 똑같은 배에서 나온 아이들도 성향이 다르다.
좋아하는 취미와 책을 봐도 알 수 있고, 자주 사용하는 단어를 관찰해도 알 수 있다. 우뇌가 사용하는 언어와 좌뇌가 사용하는 언어가 다르다. 우뇌가 경험을 통해 지식을 얻는다면 좌뇌는 책을 통해 지식을 얻을 수 있다. 그리고 이때 중요한 것은, 특정하게 발달된 뇌를 활성화시켜 좋아하는 일을 잘하게 하는 것도 중요하시만 후천적인 훈련에 의해 다른 쪽

의 뇌도 잘 사용할 수 있게 도와주어야 한다는 것이다.

내가 사용했던 우뇌와 좌뇌를 훈련시키는 쉽고 재미있는 방법을 적어 보겠다.

하나의 키워드로 다양한 것을 떠올려본다.

눈에 보이는 사물을 아무거나 적는다. '창문'으로 시작해보자.

'창문 - 창밖 - 눈 - 추위 - 감기약 - 쓴 - 아픔 - 추억 - 첫사랑 - 군대 - 기다림 - 젊음 - 순수 - 아이들'

등으로 생각나는 대로 기록하면 된다. 이 방법은 '우뇌'를 건드려주는 학습 방법이다. 우뇌에서는 상상도 중요하고 속도도 중요하다. 거침없이 쏟아내는 것이 중요하다. 쓸까 말까 고민할 새 없이 생각나는 대로 무조건 많이 적는다. 1분이라는 시간을 두고 아이들과 게임을 해 보면 좋다. 하나의 단어 카드를 뽑고 1분 동안 가장 적은 단어를 쓰는 사람이 설거지를 해보자고 하면 대부분 아이들이 승리한다. 어른들이 고민하는 사이 아이들은 엄청난 속도로 작성한다. 생각을 거르지 않고 많이 작성하는 훈련이 필요하다.

위 훈련이 재미있어지고 쉬워질 때쯤 두 번째 단계로 들어간다. 이제는 좀 더 기준을 두고 나눠 나간다. 기준을 제시하는 중간 가지를 작성하고 세부적인 생각을 작은 가지에서 뻗어나간다.

육하원칙에 의해 적어보자. 주제를 가운데 적어두고, 육하원칙을 큰 가지에 둔다. '왜'라는 큰 가지에 이어서 3개의 작은 가지를 뻗어 작성해보

자. 그 다음 더 작은 가지를 만들어 '방법' 3가지와 '언제' 3가지에 대해서도 적어 보자.

다이어트를 예로 들어보자. 중앙엔 다이어트라 적고, 첫 번째 큰 가지에는 '왜', '방법', '언제'라고 작성한다.

'왜'라는 가지에서부터 다이어트의 이유에 대해 깊이 고민해 보며 작성해보자. 건강이 염려되는지, 맞는 옷이 없는지, 아이에게 날씬하고 예쁜 엄마를 보여주고 싶은지를 생각해보며 작성한다.

'방법'에는 먹지 말아야 할 것, 하지 말아야 할 습관 등을 적는다. (그 외 자세한 방법은, 제3장 다이어트 마인드맵에서 공유하겠다.)

"가지가 나눠지지 않아요. 작성할 내용이 생각나지 않아요."

생각이 안 나는 게 당연하다. 세부적으로 생각을 해보는 경험을 해본 적이 거의 없을 것이다. 이 훈련이 익숙해지려면 '양'과 친해져야 한다. 음메~ 하며 우는 양이 아니라, '질'로 변화하기 위한 '양' 말이다. 양이 채워져야 질로 변환된다.

사과로 훈련하기

• • •

앞에 내용에 이어서 마인드맵 수업을 할 때 쉽고 재미있게 좌뇌와 우뇌를 표현할 수 있는 마인드맵이 있어서 소개한다.

◈ [우뇌 마인드맵]

'사과'

무엇이 떠오르는가?

빨간색. 초록색. 흰색. 작은 씨앗. 새싹. 나무. 아낌없이 주는 나무. 나이테. 그루터기. 의자. 빨간 망토. 차차. 심부름. 늑대. 유혹. 할머니. 목소리. 사냥꾼. 원숭이 엉덩이. 바나나. 기차. 비행기. 쨈. 애플파이. 샐러드. 식초. 백설 공주. 마녀. 독. 암살. 아삭. 상큼. 청주. 빌헬름 텔. 화살. 과녁. 리어카. 껍질. 과도. 일곱 난쟁이. 애플파이. 미안해요. 다가감. 친구. 명심. 잘못. 후회.

우뇌 마인드맵은 밤하늘 아름다운 폭죽과 같다. 펑! 하고 터지면 쏟아져 나오는 연상 작용이다. 자연스러운 흐름에 따라 생각나는 대로 나열하면 된다. 원래 뇌는 한 번에 한 가지를 생각하지 않는다. 폭죽이 터지듯 동시다발적인 사고를 한다. 뇌를 잘 사용하는 방법은 생각나는 그대로를 모두 기록하는 것이다. 생각이 너무 많아서 정리하고 싶다고 바라는 분들이 있다면, 우뇌 마인드맵이 먼저이다. 쏟아내고 난 후 기록된 내용을 정리하면 된다. 생각이 많은 것이 절대 단점이 아니다. 뇌가 많은 훈련을 통해 많은 정보를 내보내려 힘쓰고 있는 중이다. 머릿속에서 완벽히 정리하고 나서 기록하려는 것은 욕심이다. 뇌의 특징을 이해한다면 생각이 많다는 것은 참 좋은 장점이며, 쏟아내는 기록을 훈련하고 시각화하며 정리해보는 습관을 가져야 한다.

우뇌는 글자보다는 이미지에 많이 관여한다. 방사형으로 자유자재로 뻗어가며 작성하면 된다. 토니 부잔의 마인드맵에 100% 부합하려면 연결되는 가지 위에 단어가 놓여야 맞다. 하지만 우뇌를 훈련하고 싶어서 훈련하는 경우엔 굳이 가지를 작성할 필요 없이 방사형으로 나열하는 것만으로도 괜찮다. 좀 더 우뇌를 자극하고 싶다면 중간에 남는 여백마다 떠오르는 이미지를 직접 그림으로 표현하려 애써보자. '떠오르는 이미지'를 인터넷에서 찾는 것은 우뇌, 찾은 이미지를 따라 그릴 순서를 생각하며 종이 위에 그려내는 것은 좌뇌의 영역이다.

💎 [좌뇌 마인드맵]

　우뇌 마인드맵을 작성하며 우리는 많은 연관성 있는 단어들을 떠올렸다. 순서 없이 쏟아지는 단어들이 재미있고 편안한 사람이 있는가 하면 뭔가 모르게 찝찝한 분들이 있을 수 있다. 중간에 어떤 규칙이 있다면 좋겠다는 생각을 한 분들이 계시다면 좌뇌적인 성향에 가깝다고 볼 수 있다. 사과와 관련 있는 단어들은 무엇이 있을까? 먹을 수 있는 요리에 연관되는 단어를 써보자. 눈으로 볼 수 있는 특징과 맛으로 느낄 수 있는 특징, 촉감으로 느낄 수 있는 특징으로 나눠보면 괜찮은 정리가 될 것 같다. 눈으로 볼 수 있는 사과의 특징은 '빨갛다, 동그랗다, 하트 모양이다' 정도가 생각난다. 맛으로 나타낸 표현은 사각사각, 매끈매끈, 아삭아삭, 츄릅, 냠냠, 쩝쩝 등이 있다. 촉감으로 느낄 수 있는 특징은 매끈매끈, 미끌미끌, 뽀득뽀득 등이 있다.

　좌뇌 마인드맵은 분류라는 단어 하나로도 설명이 충분하다. 좌뇌에서는 중간 가지의 역할이 매우 중요하다. 어떤 중간 가지가 놓이는가에 따라 마인드맵의 전체 내용이 달라진다. "가지치기가 너무 어려워요"라는 질문을 많이 받는다. 가지치기는 생각의 훈련이 필요한 영역이다. 가지치기는 내 생각의 기준이 매우 명확해야 하는 훈련이 필요하다. '무엇을/ 왜/ 어떻게/ 누구와/ 얼마나/ 언제'의 명확한 육하원칙같이 주제를 관찰하려는 나의 분명한 목적과 의도가 필요하다. 서랍장을 생각하면 쉽다. 우리는 정리를 할 때 각각의 서랍에 무엇을 담을지 고민한다. 1번 서랍엔 문구류, 2번 서랍엔 받은 명함들, 3번 서랍엔 사진. 내가 정한 서랍은 활용도에 따른 물건만을 담아내고 맞지 않는 것은 담지 않는다. 담겨지지 않은 물건은 새로운 가지에 새로운 이름을 붙여 담기게 된다. 모두 담는다고 좋은 정리는 아니다. 담을 것은 담고 버릴 것은 버린다. 분류적 사고, 그게 바로 가지치기이고, 가지치기를 하는 뇌의 영역은 좌뇌이다.

같은 주제인 '사과'를 두고도 우뇌, 좌뇌를 각각 사용해보는 마인드맵의 결과물은 다르다. 인간의 뇌는 100% 한쪽 뇌만 사용하지는 않는다. 마인드맵을 처음 접할 때에는 완벽함을 내려놓고 자유로운 생각을 쏟아내는 훈련이 먼저 선행되어야 한다. 그 이후에 가지치기는 좀 더 수월해질 수 있다. 정리하자면 '쏟아냄'이 '분류적 생각'보다 먼저다. 쏟아내어 작성하는 훈련이 되지 않고는 분류가 잘 안 되는 것이 당연하다. "왜 나만 가지치기가 어려운 거야"라며 마인드맵을 포기하려 하는 분들이 계시다면 말씀드리고 싶다.

모든 일이 처음엔 어렵다. 아이에겐 걸음마가, 나에겐 영어가, 당신에겐 마인드맵이 처음이라 어렵다.

마인드맵 교육 사명

목표와 시간 관리를 배우기 위해 3P자기경영연구소에 갔다. 그곳에서 처음으로 마인드맵을 만났다. 강규형 대표님의 필기를 보게 되었는데 일반 필기와는 다른 모습에 흥미가 생겼다. 10여분이라는 짧은 만남이었지만, 나의 호기심을 건드리기엔 충분한 시간이었다. 그리고 시간이 흘러 10년이 훌쩍 지났다. 3P자기경영연구소 수업에서 마인드맵을 벽에 걸고 주목받으며 칭찬받던 사람들은 다 그만뒀는데 나만 꾸준히 10년 동안 마인드맵을 작성했다. 단 한 장을 멋지게 작성한 사람보다 오랫동안 꾸준히 마인드맵을 활용한 사람이 전문가가 된 셈이다. 전문가가 되고 안 되고는 능력의 차이가 아니라 꾸준함의 차이이다.

사람은 그렇다. 재미있는 것에 관심이 많다. 성인보다 아이는 더 그렇다. 재미없는 것을 매우 싫어하고, 재미있는 것에 집중하며 지속할 수 있다. 나는 내가 아이 같다고 생각하며 40년째 살아가고 있다. 전문가답고 카리스마 있는 강사들 틈에서 너무 어려 보이고 철이 안 든 내 모습이 고민되어 멘토를 찾아 털어놨다.

'왜 철이 들지 않을까요'라는 질문에 김형환 교수님께서 해주신 답이 재밌다.

"소희야, 철들려고 하지 마. 넌 철들면 죽어."

웃음이 났다. 애써 어른인 척 하는 게 어려웠던 나의 속을 화~악 뚫어 주시는 대답이었다.

애쓰지 말자. 내가 좋아하는 것을 하자. 내가 잘하는 것을 하자. 생각하고 나니 신이 났다.

신이 나서 마인드맵 5000장을 그렸다. 마음에 드는 마인드맵은 블로그에 올렸다. 설명도 썼다. 아무도 내 마인드맵에 관심 있을 거라 생각하지 않았다. 그런데 그 마인드맵을 보고 강의 의뢰가 쇄도했고 책 의뢰까지 받게 되었다. 콘텐츠화 해서 강의할 계획이 있었던 게 아니다. 진심으로 재미있는 일을 즐겼을 뿐인데 현재 나의 교육 사명의 핵심 도구가 되었다.

수많은 부모님들과 선생님들이 나의 온라인 맵 스쿨을 들었다.

구글 설문지를 통해서 강의 신청 시 바람을 적게 했다. 대부분이 '자녀 교육을 위해서'라는 답변을 적어내었다.

내가 할 수 있는 일은 단 한 가지였다. 심플했고, 당연했다. 바로 '부모와 선생님이 먼저 마인드맵을 할 수 있게 만드는 일'이었다.

"여러분이 먼저 마인드맵을 100장 이상 그리기 전에는, 절대 마인드맵을 아이들에게 전달할 수 없어요!"

기업 강사들이 집으로 찾아왔다. 당장 다음 주가 강의인데 마인드맵을 해본 적이 없다고 했다. 강의 교안을 달라며 모르는 강사들이 전화해왔다.
한심했고, 실망스러웠다. 진심이 담긴 노력과 경험의 스토리가 교육자의 기본이라고 생각했다. 그러나 많은 강사들이 그러하지 않았다. 작성해 본 적도 없는 마인드맵을 가르칠 줄 안다며 돈을 위해 잘하는 척 연기를 한다. 난 이것이 거짓말, 사기와도 같다고 생각한다. 진실하지 못한 교육! 그건 같은 교육자로서 매우 부끄러운 일이다. 부모도 마찬가지다. 꿈도 없고 배우지도 않으면서 자녀는 잘하길 바라는 마음을 갖고 있다. 자녀에게 왜 배우려 하지 않는지, 왜 꿈이 없는지 다그친다. 부모가 먼저 꿈을 가져야 한다. 먼저 꿈꾸는 방법을 배우고 경험하며 진실한 교육과 육아에 공들여야 한다.

돈을 못 벌어도 좋다고 생각했다. 나의 선택이 옳지 않다고 손가락질해도 내 마음의 방향은 이미 정해져 있었다.

"교육자도 좋다. 부모도 좋다. 먼저 그들이 마인드맵을 활용할 수 있도록 하는 것이 나의 사명이다. 그것이 제대로 마인드맵이 교육될 수 있는 건강한 씨앗이다."

어린 아이를 키우는 내가 더 많은 엄마들에게 마인드맵을 전달하고 싶어 시작한 것이 온라인 맵 스쿨이었다. 지금은 코로나로 급격히 온라인 수업이 대세가 되었지만 내가 시작한 이유는 달랐다. 2019년, 먼 지방에 계신 어머님들의 교육 의뢰로 고민하다가 ZOOM을 알게 되어 시작했다. 더 많은 사람들이 마인드맵이 좋은 도구임을 알게 하고 싶었고, 더 많은 사람들이 이 도구를 통해 성장하기를 바랐다.

"나로부터 시작되는 변화가 진정한 교육이다."

마인드맵 교육법을 감히 이렇게 정할 수 있는지 잘 모르겠다. 나는 배운 것도 할 줄 아는 것도 많이 부족한 사람이다.

그저 마인드맵을 알리고 있는 현직 강사이자 저자로서 간곡히 부탁드리고 싶다.

마인드맵을 전달하고 싶은 교육자와 부모들은 꼭 이것을 지키셔야 한다.
'내가 그린 마인드맵 100장'

최소한 마인드맵 100장을 작성해보면 당신은 마인드맵을 다양하게 활용할 수 있는 멋진 교육을 할 수 있을 것이다. 많은 주제를 생각해내고, 가지치기의 시행착오를 겪어내며 실패의 경험으로 설명할 수 있는 마인드맵 교육. 나의 경험만큼 좋은 교육의 본보기는 없다.

마인드맵의 규칙에 얽매이지 않아도 좋다. 중앙에서 시작하고, 나누는 과정을 통한 반복된 훈련이라면 충분하다.

10년 전 내가 그러했기 때문이다. 당신은 나보다 훌륭한 교육자기에 나보다 더 멋진 전파를 할 수 있을 것이다. 난 그들을 도울 것이다.

공부 머리는
어디서 나올까

· · ·

    수동적인 아이보다 자기주도적인 아이가 풍부한 실패의 경험을 통해 성장할 확률이 크다. 우리 집 둘째 녀석이 아주 맘에 든다. 유치원에서도 소문난 말썽꾸러기인데 본인이 좋아하는 것에 꽂히면 놀랍게 변신한다. 옆에서 무슨 이야기를 하더라도 듣지 않는다. 초집중하는 모습을 보이며 눈을 반짝인다. 밥도 안 먹고 화장실도 안 갈 정도로 놀라운 집중력을 보인다. 4세 때부터 블록으로 무엇이든지 만들어냈고, 5세 때 색칠한 공룡을 본 많은 사람들의 입은 떡 벌어진다. 한 치의 오차도 없이 꼼꼼하게 채색한 건 어렸을 적부터 엄마를 보며 색연필을 쥐고 생활하며 발달한 소근육 덕분이다. 정리 정돈하는 것도 또래에 비해 잘하는 편이다. 어지럽히며 노는 것만큼이나 정리도 한순간에 뚝딱 해낸다. 치우라고 할 땐 치우지 않고 본인이 하고 싶은 다른 것이 생길 때 집중하여 정리한다. 한글에 관심이 없어서 걱정을 했는데, 어느 날 갑자기 며칠 만에 자음, 모음을 모두 익혀내서 매우 놀랐다. 누나랑 칠판에 글씨를 쓰며 노는 것이 재미있다고 하더니 일어난 일이다. 세상의 모든 아이가 그렇다. 스스로가 좋아하는 일에는 열중하면 결과물을 만들어낸다. 타이밍이 각자 다를 뿐이니 우리는 관심을 갖고 관찰하며 잘 보조하는 역할만 하면 된다.

얼마 전 코칭 과정을 받기 시작했다. 쉬는 시간 함께 대화를 나누며 가족 이야기가 시작됐다. 가족들 소개를 하다가 내가 우리 집 둘째를 '산만한 아이'라고 표현했다. 이현주 코치님이 이야기했다. "산만한 아이를 좀 더 듣기 좋은 표현으로 어떻게 표현하면 좋을까요?" 곰곰이 생각하고 대답했다. "우리 진우는 호기심이 많은 아이예요. 세상 모든 것에 호기심을 갖고서 끊임없이 움직이고 끊임없이 질문합니다." 대답을 듣고 흐뭇하게 미소 짓던 이현주 코치님. 짧은 순간에 코끝이 찡해졌다.

산만한 아이가 호기심 많은 아이가 되었다. 같은 아이를 바라본 어른의 시선이 달라지자, 너무나 다른 아이를 만들어냈다. 아이들이 잘못 크고 있는 것이 아니라 우리의 시선이 문제다. 세상에서 가장 나쁜 교육은 비교라고 하던데, 주변 아이들의 잣대를 빌어 내 아이의 더 부족한 부분만을 바라보고 있지는 않는지 검토해 봐야 한다. 비교의 잣대가 생기는 순간 내 눈에는 아이의 부족한 부분만이 기준이 되어 판단하고 말을 내뱉고 있을 수 있다.

공부 머리? 그런 머리는 없다. 굳이 있다면 우리 모두에게 똑같이 내

재되어 있다. 누군가는 그것을 호기심이라는 단어 속에서 펼쳐내고 있고 누군가는 그것을 사랑이라는 단어로 표현한다. 누군가는 실패라는 단어 속에 가둬놓고 누군가는 과정이라는 단어 속에서 즐긴다. 누군가는 경험으로 축적하며 부자가 되어가고, 누군가는 이론적으로만 계산하며 느림보로 살아간다. 인생 키워드를 두고, 하고 싶은 일들과 결국 해낼 일들을 차곡차곡 이뤄나가 보자. 그것이 곧 삶을 살아가는 힘이자 공부 머리가 아닐까? 내 인생의 방향을 스스로 결정짓고, 과정 안에 모든 것을 기록해가면서 피드백 하는 삶. 그 한 가지 방법만 알면 그것이 직업이든 성적이든, 무엇이든지 동일하게 적용하며 살아갈 수 있다. 공부 머리는 '목적'과 '방향'이라는 양 추의 무게가 잡힐 때 균형 있게 성장할 수 있다.

제주도에 존경하는 고영실 선생님이 계신다. 현직 공무원이면서 온라인 맵 스쿨에 참여하시기도 했고, 박현근 코치의 인연으로 다시 뵙게 되었다. 제주도 여행 시 만나서 커피를 마시고 있는데 초등학교 5학년 아들에게 전화가 왔다. 달콤한 꿀을 머금은 듯한 목소리로 전화를 받으시더니 아들에게 오늘은 무슨 딴짓을 했냐며 질문을 하셨다. 딴짓을 안 한 게 딴짓이었다는 엉뚱한 아들의 대답에 미소를 지으시더니 엄마가 곧 갈 테니 서로의 딴짓을 이야기해보자며 전화를 끊으셨다.

초등학교 5학년 아들과 공부가 아닌 딴짓에 대한 대화를 나누자고 한다. 너무 이상(?)하다. 놀란 내게 선생님은 아들의 일기를 하나 보여주셨다.

[오늘도 평범하게 하루가 지나갔다. 그런데 '오늘'이 무조건 평범하게

지나간 게 맞을까. 아니다. 누군가는 복권에 당첨됐을 수도 있고, 누군가는 새로 산 스마트폰을 물에 빠트렸을 수도 있다. 이렇듯 오늘의 오늘은 특별할 수도 있다. 단지 우리가 그 소중함을 느끼지 못할 뿐. 첫 문장을 정정한다. 오늘도 나의 하루는 평범하게 지나가지 않았다. 오늘도 나의 하루는 특별하게 지나갔다.]

딴짓을 많이 하는 아이야말로 평범치 않은 특별하고 비범한 생각을 할 수 있다. 딴짓을 많이 하는 아이가 세상을 바꾸고 과감히 도전하며 살아갈 확률이 높다. 암기식의 공부하는 머리만을 강조하는 가정이었다면…. 오늘의 의미를 색다른 관점으로 해석하고 '딴짓'을 자랑스레 여기며 엄마와 사랑스럽게 이야기를 나눌 수 있는 아이로 키울 수 있었을까.

정답지가 있는 문제집을 푸는 아이보다, 딴짓을 찾아 하루를 헤맬 줄 아는 아이의 뇌가 자유로울 것이라는 추측은 이제 당연하다. 자유로운 뇌는 흥미로운 것이 많으며, 흥미로운 관점은 많은 것을 탐구하는 뇌로 성장한다. 생각이 많은 아이는 기록을 통해 생각을 다스리려 할 것이다. 쏟아내고 바라보며 탐구할 것이다. 뇌와 손이 함께 움직일 때 공부 머리는 비로소 목적과 방향에 맞게 빛을 내며 사용될 것이다.

우리가 애타게 찾던 공부 머리는 '뇌'에서 나오는 것이 아니라 '손끝'에서 나온다.

<제4장>

성장의 도구 마인드맵

감정의 시각화

. . .

원래 내가 이랬던 사람인가….

자괴감이 들 정도로 감정의 기복이 거대한 파도를 일으킨다. 아이를 낳아 키우다 보니 사랑해서 결혼한 남편은 세상에서 가장 귀찮은 존재가 되어 슬그머니 뒷자리로 밀어내본다. 세상의 중심은 나라고 굳게 믿으며 살았었는데, 흔적도 없이 사라져도 누가 알아주나 하는 무서운 생각이 지배한다.

"네가 산후 우울증에 걸리다니…. 생각지도 못했어!"
"나는 너보다 더한 일이 있었을 때도 다 혼자 이겨냈어~!"

듣고 싶지 않은 대답들.

내가 어떤 사람이었는데? 왜 다들 나는 잘할 거라 믿는 건데? 나도 힘들고 어렵다고!

　공감이 필요한 나에게 "나는 더했어"라는 말로 위로가 전혀 되지 않는 이야기를 하는 사람들이 원망스러웠다. 하루에도 열댓 번 너울지는 감정의 파도 안에서 난 "짜증나"라는 하나의 감정으로 그 힘든 시기를 지나고 있던 때가 있었다.

　짜증: 마음에 꼭 맞지 아니하여 발칵 역정을 내는 짓. 또는 그런 성미.

　타인이 몰라주는 내 마음을 나조차 모르고 있다는 것을 알게 된 것도 마인드맵을 통한 어느 날이었다. 그날 역시 내 마음을 몰라주는 남편에게 짜증이 나서 두 아이들까지 내팽개치고 찜질방으로 가출(?)을 감행했다.
　분홍색 찜질복을 입고 있었지만 내 마음은 똥색이었다. 구정물같이 들여다보이지 않는 내 마음을 마인드맵으로 기록해보기 시작했다. 가족끼리 와서 하하호호 하고 있는 찜질방 한복판에서 서럽고 복잡한 내 마음을 마인드맵으로 끄적이기 시작했다.

　중앙 이미지에 불길이 치솟는 그림을 그렸다. 가지치기에는 짜증나는 마음속 감정들을 나열해보았다. 짜증이라는 하나의 단어만 표현해왔던 마음속에 이렇게 다양한 감정이 있을 줄은 몰랐다.

　우울해/ 속상해/ 서운해/ 외로워/ 화가 나/ 답답해

자그마치 6개의 감정 단어가 순식간에 작성되었고, 감정마다의 세부적인 이유들이 번뜩이며 떠올랐다.

우울해: 언제까지 이런 삶의 반복일까. 날씬했던 나. 자유롭던 나로 돌아가고 싶어.

속상해: 왜 남편은 날 이해해 주지 않을까. 표정만 봐도 날 이해 못 하는 게 느껴져. 이해해주는 척 하지 마!

서운해: 내 이야기를 모두 한 귀로 듣고 한 귀로 흘리는 것 같아. 난 대화가 필요하다고. 눈을 마주 보며 이야기하고 싶어.

외로워: 나만 정체되어 있는 것 같아. 나만 혼자인 것 같아. 내가 없어져도… 아무도 모를 것 같아. 나만 불행해….

답답해: 숨이 쉬어지지 않아. 누가 좀 도와줘야 해.(당시 공황 장애 증상이 있었다.) 밖에 나갈래!

나의 감정들을 마주 대하고 얼마나 울었는지 모른다. 찜질방 안 사람들을 의식하지 않고 정말 펑펑 목 놓아 울었다. 나 자신에게 너무 미안했다. '짜증 나'라는 단어 안에 나 스스로를 가두고 있었다는 생각이 들었다. 유리병 안에 갇혀 망망대해를 떠다니고 있던 감정들을 이제는 안아주고 보살펴줄 수 있겠다는 마음이 들면서 스스로에게 위로도 되었다.

지금도 난 그때의 내가 한없이 작고 가여워서 눈물이 난다. 내가 너를 이해해. 내가 너를 알아줄게…. 옆에 있다면 꼬옥 끌어안아주고 싶을 만큼 처음 엄마가 되었을 무렵의 나는 작고 연약했다.

내가 나를 제일 잘 안다. 내가 나를 제일 잘 알아야 한다. 그리고 세상 속에 나를 잘 표현할 줄 알아야 한다. 우리는 사랑받을 권리가 있고, 우리는 사랑할 줄 알아야 하는 사람이다. 제대로 사랑을 배우고 관심을 배워야 그 방법 또한 내 자녀에게 전달할 수 있다.

들여다보자. 분명 나의 감정 안에는 다양한 생각과 복잡한 느낌들이 얽혀 있다. 나를 중심으로 생각하되, 나를 제3자의 눈으로 바라볼 줄도 알아야 한다. 무엇이 감정의 원인이고 무엇이 감정의 결과인지 볼 수 있는 눈이 필요하다. 현명하게 풀어낼 줄 알아야 원하는 것에 대해 당당히 말할 수도 있다. 내가 나의 감정들을 이해해보고 위로할 수 있었던 이 경험은, 결혼 전 목표와 시간 관리만을 강의했던 마인드맵 콘텐츠에서 벗어나 무엇보다 더 소중한 감정들을 관리할 수 있는 가장 훌륭한 콘텐츠로 자리 잡았다.

지금 이 순간 너무나 감사하다. 이 소중한 도구를 내게 전달해 주신 분께, 그리고 이 소중한 도구를 깨닫고 잘 활용하는 나에게, 이 소중한 도구를 내 자녀에게 전달할 수 있는 값진 경험을 한 나에게….

말 훈련

. . .

유재석(처진 달팽이)이 부른 '말하는 대로'의 가사처럼 말하는 대로 모든 일이 이루어진다면 얼마나 좋을까~

아침부터 모진 말을 내뱉고서 아이를 등원시키고 나면 하루 종일 마음이 찝찝하고 울적하다. 어린 아기이고 당연히 청개구리 짓 할 나이인데, 어른이고 엄마인 내가 아이와 똑같이 대치하며 싸웠다는 생각에 어쩔 때는 스스로 부끄럽기도 하다. 왜 안 될까. 왜 마음과는 반대로 말이 엇나갈까.

강의를 가야 해서 정장을 갖춰 입고 등원 준비를 하고 있던 어느 날이었다. 추운 겨울이라 옷을 껴입히며 둘째에게 물었다. "진우야, 쉬하고 겉옷 입을까?" "아니요~"
분명 아니라고 했던 둘째 녀석은 신발을 신고 나서야 오줌이 마렵다고 했다. 오줌을 누게 하려고 옷을 벗기는 순간 본인의 옷에는 물론이거니와 정장을 입은 엄마에게까지 오줌 세례를 퍼붓는다.

 순간 나는 이성을 잃었고, 둘째를 때리기 시작했다. "그러게 왜 엄마 말을 안 들어! 아까 엄마가 쉬하라고 했잖아!" 때리다 보니 두꺼운 점퍼를 입은 것이 보인다. 아프지 않으면 본인이 잘못한지 모를 것이라는 생각이 들어서 더 세게 때렸다. 화는 화를 부른다. 아이를 울려놓고도 화가 가라앉지 않아 씩씩거리다가 뒤늦게 옆에 있던 첫째를 발견한다. 엄마의 폭력적인 모습을 본 아이는 겁에 질려 울고 있었다. 그리고 옷을 입은 채 서서 오줌을 싸버렸다. 오줌을 싸버린 첫째와 오줌 범벅이 된 둘째를 껴안고 주저앉아 함께 울었다.

 무엇이 그토록 서럽고 화가 났을까. 처음 해보는 워킹맘의 삶과 연년생 육아는 너무 버거웠다. 그날 밤 잠든 아이들을 보며 울고 또 울었다. 모자란 엄마에게서 태어나 아침부터 울며 등원을 한 아이들이 가여웠다. 내가 너무 싫었다. 똑똑한 척하며 성인들을 대상으로 강의하는 내 모습이 뻔뻔했다. 아이들이나 제대로 키울 것이지…. 서로를 힘들게 하는 게 모두 다 나의 선택인 것 같아서 두렵고 슬펐다.

 시간이 지나며 배움의 필요성을 느꼈다. 한 사람이 모든 것에 전문가가 될 수 없듯이 나 또한 그랬다. 일하는 것보다 육아가 힘들었던 나는 전문가를 찾기로 했다. 소아 정신과에 가서 아이와 함께 상담을 받았다. 그리고 우연히 《엄마의 말하기 연습》의 저자 박재연 작가님의 수업을 들었다. 아무 말 없이 내 어깨를 두들겨주며 지나가던 박재연 작가님의 손길이 잊히지 않는다. "충분히 잘하고 있어요, 소희 씨."라고 말해주는 것 같았다. 조별로 앉아 감정 카드로 이야기를 나누다가, 말없는 손길 하나에 눈물이 터졌다. 정말 오래, 그리고 많이 울었다. 누군가의 위로가 필요했구나. 작가님의 손길 한 번에 큰 위로를 받았다.

이대로 있다가는 미치겠다 싶어서 남편에게 휴가를 요청했다. 내 생일이 있던 5월, 처음으로 남편과 아이들을 두고 훌쩍 부산으로 떠났다. 2박 3일의 일정을 홀로 보냈다. 사람을 좋아하고 시끌벅적함에 익숙한 사람으로서 처음 도전해본 큰 용기였다. 그리고 간절함이었다. 날 위한 시간이 너무 필요했다. 부산 바다가 보이는 카페에 앉아 박재연 대표님의 《엄마의 말하기 연습》 책을 다시 꺼내들었다.

한 페이지를 채 넘기지 못하고 울음이 터졌다. 사례로 나오는 모든 이야기들이 내 이야기 같았다.

정신을 차리고 나서 내가 그동안 내뱉었던 말들을 기록해보았다.

- 그거 하지 마!
- 너 밥 안 먹으면 안 데리고 나갈 거야.
- 넌 왜 누나처럼 혼자서 못하니!
- 엄마가 뭐라고 했어. 왜 엄마 말을 안 듣고 무시해?!
- 너 방에 들어가. 나오지 마.

- 어휴, 보기 싫어. 저리 가. 엄마는 말 안 듣는 사람이 제일 싫어. 저리 가.
- 아! 짜증나. 엄마 너무 힘들어, 지금.
- 엄마 지금 일하는 거 안 보여? 아빠한테 가.

나의 말을 시각화해보고 나서 난 충격 받았다. 고작 서너 살 아이에게 내뱉었다고 하기에는 너무나 언어폭력이었다. 모든 말이 부정적이었으며 명령어조였다. 막무가내였고 억지스러웠다. 박재연 대표님의 책에서 아이들에게 조건적으로 이야기하지 말라 했는데…. 아이들을 무조건적인 사랑으로 바라봐야 할 엄마가 아니라, 무조건적인 복종을 바라는 엄마인 듯했다.

나의 언어를 시각화해본 뒤 난 이제 배운 대로 내 언어를 바꿔보기로 했다.

- 진우야, 엄마는 지금 많이 화가 나기 시작했어. 진우가 혹시 이유를 알아요?
- 엄마가 지금 일하고 와서 너무 힘든데. 진우 혼자서 밥 먹을 수 있어요? 엄마가 너무 기쁠 것 같아!
- 진우가 무엇을 잘못했는지 알 때까지 엄마는 방에 들어가 있을래요. 생각나면 엄마에게 와주세요.
- 엄마가 조금만 일하고 놀아줄게. 잠깐만 아빠랑 놀고 있을 수 있어? 엄마 도와줘서 고마워요~.

〈제4장〉 성장의 도구 마인드맵

아주아주 어색했다. 지금도 가끔 어색하게 미소 지으며 말하고 있는 날 보며 남편이 웃음을 참는다. 부끄럽고 창피하기도 하지만 노력할 수 있는 기준을 세우고 행동하고 있다는 것이 뿌듯하다. 아이들의 표정도 달라졌다. 엄마의 눈치를 살피며 행동하던 아이들이 엄마의 사랑과 관심을 느끼면서 자신감 있게 행동했고 표현도 다양해졌다.

나로 인해 가정과 아이들이 변한다. 단순히 배워서만 되는 것이 아니라 깨닫고 결심하고 선택하고 계획하고 피드백 해봐야 하는 일이라는 것을 이제는 안다. 이제껏 배운 것 중 가장 크고 어려운 미션이다. 하지만 사랑하는 아이들을 위해선 결단코 포기할 수 없는 미션이다.

나는 아직도 어설프기 짝이 없는 엄마지만 오늘보다 내일 더 나아질 것이다. 수아와 진우의 하나밖에 없는 엄마니까.

To. 박재연 작가님

이 책을 빌어 박재연 작가님께 감사 인사를 드리고 싶습니다. 당신의 말 없는 손길이…. 당신의 따뜻한 책 한 권이 제겐 큰 위로이자 큰 용기였습니다. 좋은 책을 세상에 내어주셔서 감사합니다. 팬으로서 늘 응원하겠습니다.

아장아장
걸음마

. . .

성인 학습과 기업 교육이 익숙한 나에게 학생들을 대상으로 하는 강의는 언제나 낯설다. 기준을 너무 높여서 준비해도 안 되고 그렇다고 그들의 수준을 너무 낮게 평가해도 큰코다치기 일쑤다.

"친구는 꿈이 뭐예요?"
여느 때처럼 아이들에게 물었다. 당연히 본인의 꿈을 멋지게 소개할 줄 알았던 아이들이 대답한다.
"저 꿈 없는데요? 그런 거 안 키워요~"
당황스러웠다.

생각지 못한 대답에 너무 오랜만에 강의를 망쳐버렸다. 나의 인생의 반 토막도 살지 않은 그들에 의해 말이다. 크게 상심한 후 집에 돌아와 고민했다. 어떡하지…. 어떻게 그들을 강의하지….

　마인드맵을 끄적이기 시작했다. 주제는 나의 10대였다. 난 그때 어떤 생각을 하고 있었으며, 무엇에 관심이 많았고, 선생님과 부모님의 질문에 어떻게 대답을 했었는지. 기억을 끌어당겨 맵핑해 보았다. 얼마 지나지 않아 나는 미소를 지을 수 있었다. 답답했던 마음이 탁 하고 풀어지는 것을 느꼈다.

　아이들의 대답은 당연한 것이었다. 어느 누가 질문하였어도 아이들의 대답은 같았을 것이며, 어떤 선생님과 부모님도 그 대답에 속상해하지 않아도 되는 것이었다.

　생각해보니 대학생이 되었을 때도 난 나의 미래에 대한 생각을 해보지 않았던 것 같다. 무엇을 잘할 수 있는지가 걱정이었으며, 나 스스로 만들어나가고 책임져야 할 미래가 두려웠다. 가뜩이나 불안한데, 자꾸만 어른들이 "꿈이 뭐니?", "어떤 일을 하면 행복할 것 같니?", "어떤 전공을 할 것인지 선택해 봤니?"라고 물을 때면 너무나 귀찮고 화가 났다.

　날 좀 내버려 뒀으면 좋겠다고 생각했다. 혼자서 실컷 고민해봤지만 해답이 생각나지 않으면 친구들을 만나 실컷 수다 떨며 같은 공간과 같은 시간과 같은 방황 속에서 공감대를 형성하며 위로받는 편이 훨씬 행복했다.

　"왜 우리 아이는 꿈이 없다고 할까요. 다들 잘 알아서 찾아가는 것 같은데…."

불안해하기보단 이해해 보자. 나 어릴 적이 어땠었는지 되짚어보고 나니 늦게 꿈과 재능을 찾는다고 해서 틀린 것이 아니라는 생각이 들었다.

나는 디자인을 공부했고 장학금도 받았지만 사회생활에서는 완벽한 부적응자였다. 디자인 회사에서만이 아니고, 바꿔 도전했던 병원 생활에서도 늘 그랬다. 일이 행복하지 않았고 사람들 속에서는 늘 외톨이였다. 스물여덟 살이 되었을 때 병원에서 CS 교육을 받다가 강사라는 직업을 알게 되었다. "내가 할 일이야!" 외쳤고 도전했다.

스물여덟 살이 되어서야 발견된 하고픈 일이었기에 부모님의 반대와 친구들의 우려는 날 막을 수가 없었다. 학원비를 벌기 위해 알바를 했고 평일 주말 할 것 없이 일하거나 공부만 했다. 그러다가 쓰러지겠다는 둥 예전에 그렇게 공부했으면 서울대를 갔겠다는 둥 많은 말들을 들었지만 꿈이 있는 나에게는 어떤 말도 들리지 않았다. 강의가 끝나자마자 쓰러져 119 구급차를 타고 응급실에 실려 간 상황도 있었다. 잠도 자지 않고 공부가 재미있어 미쳐보기는 이때가 처음이었다. 하루하루가 너무 신났고 그런 생활 속에서 차츰 돈도 나를 따라오는 것을 느꼈다. 내가 하고 싶은 일이었고 재미있는 일이었기에 성장과 성공이 한꺼번에 따라온다는 것을 경험한 때였다.

늦게 피는 꽃일 수도 있다. 더 아름다울 수 있다. 조금은 늦더라도 아이들 스스로가 꿈을 발견하고 키워갈 수 있도록 우리는 상황만 만들어주면 된다.

가장 좋은 상황은, 부모가 먼저 자신의 꿈을 시각화하고 계획하며 실행해나가고 그 속에서 행복해하는 모습을 보여주는 일이다.

[어른이]

명사. 어린이들이 좋아하는 영화나 만화, 장난감 따위에 열광하거나, 이를 광적으로 수집하는 취미를 가진 어른. '어른'과 '어린이'를 합친 말이다.

요즘 유행한다는 어른이가 되어보자.

좋아하는 배우나 노래를 써보자. 가고 싶은 곳과 갖고 싶은 것을 써보자. 이상형도 써보고 먹고 싶은 것도 써보자. 20대로 돌아간다면? 백만장자가 된다면? 연예인이 된다면? 상상의 나래를 펼쳐보자. 쓰면서 설레도 보고, 말도 안 되는 것을 쓰고 나서 크게 웃어도 보자.

익숙한 교육과 익숙한 사회생활, 익숙한 가정 환경 속에서 길들여져 버린 나를 버리고, 앞으로의 삶이 두근거리고 꿈을 향해 걸어가는 법을 배우는 것에 도전장을 내보자. 결코 한 번에 걸어갈 수는 없다. 기는 법을 배우고, 붙잡고 일어설 것을 찾아야 한다. 매일매일 조금씩 힘을 기르고, 한 발자국 먼저 내디뎌야 걸음마를 할 수 있다. 뛸 때까지는 적당한 훈련과 시간이 필요하다.

어른이가 해봐야 어린이에게 알려줄 수 있다. 부모가 먼저 해봐야 자녀에게 가르쳐줄 수 있다.

심지어 가르쳐줄 필요도 없다. 아이는 부모의 걸어간 뒷모습을 보고 혼자서 따라올 테니까.

아이는 우리가 알고 있는 것보다 훨씬 강하다.

실수 속 보물찾기

. . .

- 다 못하면 알아서 해~.
- 이번에 성적 안 오르면 알지?
- 엄마가 분명 얘기했었지!
- 거 봐, 그럴 줄 알았어!

수많은 책을 읽었고, 수없이 강의를 들으며 셀프 리더십 강의를 했다.

내 아이는 자신감 있고 주도적인 아이로 키우겠다고 외쳐댔고 자신도 있었다.

하지만 내 생활 속 아이들에게 하고 있는 멘트를 작성하는 순간 깨달았다.

내 생각과 전혀 다른 말들을 하고 있구나.

알고 있는 것과 행동하는 것을 다르게 살아가고 있구나.

내 삶과 내 말이 내 아이들에게 상처가 될 수도 있겠구나.

우유를 흘리면 화를 냈다.
"바빠 죽겠는데 왜 우유를 흘리고 그래!"
반복된 나의 행동이 아이를 주눅 들게 한다.
우유를 흘리면 자동적으로 아이는 겁먹은 표정으로 나를 보며 울기부터 한다.
그러면 또 그 모습이 한없이 답답하고 화가 난다.
"아, 왜 울어~ 닦으면 되지 왜 울어~!"
마인드맵을 쓰고 나서 발견했다.

'실수를 용납하지 않는 아이'
'한 번의 실수가 두려운 아이'
'모든 것을 결과로, 끝이라고 생각하는 아이'

내가 하는 언행이 우리 아이를 이렇게 키우고 있었다.

"괜찮아~ 우유를 흘렸으면 닦으면 돼~."
"우유가 엎질러졌으면 어떻게 해야 할까?"
"성적이 생각보다 오르지 않아서 속상해? 오르지 않은 이유는 뭘 것 같아?"
"다음엔 얼마만큼 노력해볼 거야? 정하는 만큼 엄마도 같이 도와줄게."

내 말투와 내 생각과 내 기준이 모두 다 '결과'가 아닌, '과정'에 있어야 한다는 생각이 들었다.

마인드맵으로 키워드를 작성했고, 그 단어와 문장이 내 머릿속에 각인되었다.

그 이후 말투가 조금씩, 아주 조금씩 바뀌기 시작했다.

마인드맵을 작성하며 상황을 구체적으로 작성했고, 그때마다 어떤 말을 해야 할지를 구체적으로 적었기 때문이었다.

해외에서 일하고 계신 친정 엄마는 한국에 오실 때면 우리 집에 오셔서 직접 요리를 하신다. 사위와 손주들이 맛있게 먹는 모습이 행복하다며 편하게 시켜 먹자고 해도 굳이 요리를 하신다.

- 간장 어디 있니?
- 청소기 좀 돌려라.
- 안방이 이게 뭐니.
- 냉장고에 있는 게 없니. 장도 안 보니?

"아, 엄마~ 제발 좀! 내가 알아서 할게요! 편히 좀 계셔요."

버럭 소리 지르고 나서 당연히 맘 편할 리가 없다. 귀국하시자마자 달려와서 신경 써주시는 엄마에게 효도는 못 할 망정… 오늘도 불효녀다.

불효녀는 반성하며 펜을 들어본다.

- 간장 어디 있니? → (변화 전) 아 쫌! → (변화 후) 여기 있어요.
- 청소기 좀 돌려라. → (변화 전) 내버려 둬~ → (변화 후) 응, 지금 할게요.
- 안방이 이게 뭐니. → (변화 전) 거긴 들어가지 좀 마! → (변화 후) 청소할게요~
- 냉장고에 있는 게 없니. 장도 안 보니? → (변화 전) 바빠서 그래! → (변화 후) 오늘 가려고 했지이~

적기만 한들 무슨 소용이 있겠냐 싶지만, 작성하고 나니 실제로 상황이 되면 기록한 것들이 떠오르는 기적을 체험했다. "제발 좀 써라"라고 외치던 수많은 자기 계발서들이 거짓말이 아니었던 것이다. 쓰고 나니 뇌에 각인이 되었고, 각인되었던 내용들은 나를 변화시키는 촉진제가 되었다.

'시각화'

나를 시각화해보자.
현실을 직시하는 것도 시각화해보고,
변화되어야 할 것도 시각화해봐야 한다.

내 표정. 내 말투를 기록해보자. 어떻게 바뀌어야 할지 기록해보자.
기록하는 내 손끝에서부터 우리 아이들은 '실수를 통해 성장할 수 있는 긍정적이고 진취적인 아이'로 성장한다.
그리고 나 또한 엄마의 자녀로서 뒤늦게나마(?) 바른 말을 하는 장한 딸과 아들로 기적을 선물해 드릴 수 있다.

의지보다 선택

· · ·

    내 감정에 내가 치인다. 내 변덕에 내가 지친다. 머리와 가슴이 따로 논다. 한사람으로 생각되지 않는 다중이가 내 안에 여럿 있다.

    다중적인 나의 성향은 육아에서 유독 나타난다. 좋은 엄마가 되기 위해 끊임없이 생각한다. 공부도 해야겠고 책도 읽어야겠다. 영양 듬뿍 요리도 잘 해 먹이고 싶고, 다니고 싶다는 학원도 보내고 싶다. 고운 말로 사랑한다고 속삭이고 싶고, 꼭 껴안고 자장가를 불러주고 싶다. 예쁜 옷, 예쁜 헤어스타일의 깔끔한 아이로 데리고 다니고 싶고, 아이가 고집을 부리더라도 끝까지 기다려주는 엄마가 되고 싶다. 밥을 먹지 않는 아들에게 화내고 싶지 않고, 옷에 잔뜩 물감을 범벅해도 아이의 창의성이라 믿으며 쓰다듬어주고 싶다. 장난꾸러기라는 피드백을 하는 유치원 선생님께 내 아이는 특별하다고 이야기하고 싶고, 언어가 느린 아이를 보며 꽃도 피는 시기가 다르다며 여유 있고 싶다.

 그런데…. 왜! 나는 그것이 안 되는 것인가. 책에 쓰인 육아 달인의 이야기는 상상 속 지어낸 이야기 같고, 달달한 모녀 이야기에선 딸아이가 분명 천사일 것이다. 건강한 게 최고지, 라는 생각을 하다가도 같은 얘기를 반복해도 듣지 않는 아이를 보면 엄마를 무시한다는 생각에 내 입은 또다시 폭격기가 된다. 엄마인 내 자신이 무서워진다.

 분명 아이를 사랑하는데 마음처럼 잘 안 된다. 자는 모습 보면 눈물이 날 정도로 후회하고 사랑하며 깨워서라도 꼭 끌어안아 주고 싶은데 매일 아침 난 왜 괴물 엄마가 되는 걸까. 의지가 아니라 무엇이 문제일까.

 홀로 떠났던 부산 여행. 부산 바다가 보이는 커피숍에서 편 책은 다 젖어버렸다. 남의 눈 의식도 안 하고 정말 창피한 아줌마가 되어 꺼이꺼이 목 놓아 울며 책을 적셨다.

 '아무것도 기대하지 않고 그저 아이가 편안하기를 바라는 마음으로 정성껏 아이를 키운 지난 날을 절대 잊지 마세요.'
 — 박재연《엄마의 말하기 연습》

 무엇을 바랐던가. 장애가 있지도 모른다는 아이를 배 속에 품고 제발 건강하기를 기도하며 출산을 했다. 굵고 긴 바늘이 내 몸속 양수라는 녀석을 빼어나갈 때도 내가 아프다는 생각보다 배 속 아이가 바늘을 잘 피하기만을 바라며 뚫어져라 모니터를 바라봤다. 그렇게 강했던 나는 온 데간데없고 하루하루 아이의 건강한 장난을 버거워하고 있었다.

'사람들이 쉽게 갈등에 휩싸이고 그 속에서 허덕이는 이유 중 하나는 자동적으로 툭 떠오르는 자기만의 '생각' 때문입니다.'

— 박재연 《엄마의 말하기 연습》

힘들어!

이 생각이 나를 지배할 때면 이미 늦었다. 난 아이를 향해 소리를 질렀고 아이를 향해 손을 내쳤다. 이미 아이들은 신발장 앞에서 겁에 질린 눈으로 날 보며 바들바들 떨고 있다. 자동적으로 튀어나오는 생각과 행동이 날 괴물로 만들었다.

'화의 원인을 다른 사람에게서 찾으려고 할수록 굉장히 폭력적으로 변하고 우울해집니다.'

— 박재연 《엄마의 말하기 연습》

이제는 선택해야 했다. 내가 하는 행동을 바라보고, 나에게서 원인을 찾고, 나에게서 답을 찾는 과정을 계획해야 했다. 알기 위해 써야 했고, 난 역시 마인드맵을 선택해서 닥치는 대로 쓰기 시작했다.

무슨 말을 쓰는 건지도 모를 마인드맵이 수십 장이 되었다. 원인도 찾지 못하고, 답도 찾지 못하는 시간이 꽤 흘렀다. 하지만 난 계속 눈물을 흘리며 마인드맵을 작성했다. 너무 간절했다. 헤어나지 못하는 감정의 우울 속에서 아이를 사랑하는 엄마로서의 빛을 찾아내고 싶었다. 늘 함께인 남편에게서조차 내가 원하는 공감이나 방법을 찾을 수 없었다. 옆집 엄마와 커피를 한잔하고 친구와 긴긴 수다를 떨어도 답답한 내 마음은 아이를 볼 때마다 불쑥불쑥 뜨겁게 달궈졌다. 다시 또 간절했다. 그러면 다시 종이를 꺼내 마인드맵을 썼다. 느껴지는 그 순간의 감정을⋯.

답답함/ 짜증 남/ 화가 남/ 눈물 남/ 깜깜함/ 원망스러움/ 미안함

매일 같은 내용만 반복한다고 느낄 때쯤 한 가지가 떠올랐다.

"선택하자."

그래, 내가 선택하자. 이미 느껴버린 감정을 쏟아내는 건 그만하고, 내가 느끼고 싶은 감정 딱 하나만 써 놓고 그걸 내일 집중해보자.
내일은 '소중함'을 느껴보자. 그렇게 마음먹고 하루 종일 아이의 소중함에 대한 생각만 했다.
내일은 '함께함'을 느껴보자. 함께하는 시간 속에서 추억을 만들어보려고 행동해 봤다.
내일은 '행복함'을 느껴보자. 이것도 행복하네. 그러고 보니 또 이것도 행복하네⋯.

쏟아냄도 중요하지만, 하나의 감정을 키워드로 정하고, 그에 맞추어 생각하고 기억하며 하루를 살아보는 것 또한 중요했다. 집중하는 감정 키워드에 맞추어 나를 만들어 나갈 수 있다는 것을 배웠다. 아주 중요하게 겪은 나의 '선택'이었다. 난 내가 아이와 느낄 수 있는 감정을 '선택'한 것이다.

디자이너일 땐 지하철 광고 서체가 보였고, 치과병원 실장일 때는 상대방의 치아만 보였다. 강사를 하다 보니 예쁜 정장만 보일 때도 있었다. 결국은 '선택'이었다. 내가 감정을 선택하고, 나의 생각을 선택하면 선택한 하나의 방향으로 난 움직일 수 있다.

'맞아요. 저한테는 화를 통제할 수 있는 능력이 있어요. 단지 화를 통제하고 싶지 않았던 거예요.'

– 박재연 《엄마의 말하기 연습》

우리는 아이만 바라보면서 나를 바라보고 있지 못하는 것이다. 나 스스로가 아이의 삶만을 바라보겠노라 선택했기에 점점 내 삶의 주체가 나인 것을 잊고 사는지도 모르겠다. 난 이제부터 나를 위해서 앞으로 내 감정과 내 생각을 '선택'해 나가려고 한다. 그리고 또한 아이를 위해서 엄마인 내 모습을 '선택'해보려 한다.

다이어트 마인드맵

· · ·

모든 여자의 적은 뭘까. 살이다.

모든 여자의 꿈은 뭘까. 다이어트 성공이다.

불변의 법칙과도 같다. 분명 매년 목표를 갖고 도전하는데 잘 이루어지지 않는다. 그렇다면 이루기 힘든 이유는 뭘까? 잘 계획하지 않기 때문이다. 어떻게 하면 계획을 잘 할 수 있을까?

10여 년간 목표 관리와 시간 관리에 대한 강의를 해 왔다. 강의를 위해서는 몇백 권의 자기 계발 책을 읽어왔다. '자기 주도 학습'에 대해 질문을 많이 받는다. 모든 답은 한 가지로 통한다. 바로, '관리의 능력'이다.

다이어트를 잘하기 위해선 3가지의 선택이 필요하다.

첫 번째 선택, 해야 할 것과 하지 말아야 할 것을 구분하기.

다이어트를 위해 해야 할 것은 무엇일까?
운동하기/ 식단 관리하기/ 몸을 움직이기/ 물 자주 마시기/ 바른 자세 갖기/ 많이 걷기/ 배에 힘주기/ 식이섬유, 효소 섭취 등

다이어트를 위해 하지 말아야 할 것은 무엇일까?
야식/ 밀가루 섭취/ 카페인 섭취/ 누워서 티브이 보기/ 엘리베이터 사용/ 술 약속/ 튀김류 식사/ 찬 음식 섭취 등

해야 할 것과 하지 말아야 할 것을 구분하고 선택하는 것은, 다이어트뿐만 아니라 모든 자기 주도 학습에서 매우 중요하다. 회복 탄력성과도 연관되어 있고 매순간 현명한 선택을 좌우하는 중요한 포인트가 된다. 이 선택을 반복하는 훈련 속에서 자기 주도 학습의 힘은 강해진다.

난 해보지 않은 것을 이야기하지 않는다. 아이를 낳고 빠지지 않던 5kg를 운동 없이 뺀 적이 있다. 단 두 가지를 줄였다. 하지 말아야 할 것! 맥주와 컵라면, 이 두 가지와 이별하고 나니 2달 동안 운동 없이 몸무게가 빠졌다.

두 번째 선택, 자세히 기록하고 불편함을 감수하기.

많은 분들이 말씀하시는 '계획'이라는 것을 살펴보면 대충 대충이다.
무엇을 먹지 말기가 아니라, '굶기'
어떤 운동을 할지가 아니라, '운동하기'

고쳐야 한다. 보다 상세히 기록되어야 한다.
야식 금지 → 치킨/ 맥주/ 곱창/ 피자/ 햄버거/ 만두/ 라면 모두 금지!
운동하기 → 일요일 아침(1월 16일) 9시에 줄넘기 들고 놀이터에 나가서 50회씩 10번 뛰기

9시가 되면 운동하러 나가야 하는 불편함. 불편함 속에서 매 순간 우리는 성장한다. 어디서나 날 불편하게 하는 사람과 환경이 있다. 내가 원치 않을 때의 잔소리와 집착은 날 매우 힘들게 한다. 단, 내가 원해서 계획한 불편함은 날 성장시킨다. 행하지 않는 날 만나는 것만큼 더 큰 불편함은 없다.
편하게 살면서 성장하는 사람은 결코 없다.

세 번째 선택, 숫자로 기록하고 스스로 평가하기.

엄마가 하라고 하면 왜 그렇게 하기가 싫었는지 모른다. 남편이 간섭하면 갑자기 신경질이 막 난다.
사람은 본래 그렇다. 내가 하고 싶을 때 해야 한다며 간섭하지 말라고 한다. 스스로에게는 매우 관대한 우리이다.

정말로 날씬해지고 싶고, 정말로 바라는 목표가 있다면 우린 스스로에게 냉정해져야 한다.

매일매일 수치를 기록해라.

수치화를 하다 보면 두 가지 반응이 나타난다. 수치화를 통해 목표의 과정을 즐길 수도 있겠고, 변화되지 않는 상황과 게으름을 반성하며 다시 계획을 짤 수도 있겠다. 혹은, 나약한 본인을 탓하며 그대로 살겠다고 목표를 포기할 수도 있겠다.

시각화를 중요하게 여겼고 매 순간 마인드맵을 그렸다.

대단한 사람이 아닌 내가 성장하는 것에 조금씩 재미를 느꼈고, 작은 성공 하나를 맛보며 점점 더 큰 성장을 계획했다. 매 순간의 모든 도전은 헛수고가 아님을 배워나갔다.

수많은 자기 계발서를 읽다가 다 똑같은 이야기 같다며 그만둘 때쯤 발견했던 것이 바로 위 3가지의 선택이었다.

다시 한번 정리하자면 이렇다.

첫째, 해야 할 것과 하지 말아야 할 것을 구분하기.

둘째, 자세히 기록하고 불편함을 감수하기.

셋째, 숫자로 기록하고 스스로 평가하기.

내가 나를 관리할 줄 모르면서 사회에 나아가 타인을 바꿀 수 없음은 당연하다. 리더는 자기 자신부터 관리할 줄 알아야 한다. 부모도 그렇다. 부모가 먼저 되는 모습을 보여줘야 한다. 어떤 목표이든지 기록하며 피드백 하는 모습을 보인다면 분명 자녀는 자연스레 자기 주도 학습을 습득할 수 있다.

참된 부모 교육은 가르쳐 주는 것이 아니라, 보여주는 것이다.

5가지 감각으로
아이 키우기

• • •

마인드맵을 사용하며 생긴 다양한 습관 중의 하나가 '나누어 작성하는' 습관이다.

숫자도 나누고, 시간과 목표도 나눈다. 사람도 분류하고, 장소도 분류한다. 우뇌적인 사고는 '숲'으로 표현한다. 좌뇌적인 사고는 '나무'를 본다고 표현할 수 있다. 구분하고 분류하며 보는 눈이 좌뇌 영역에 많이 해당된다. 우뇌는 상상으로 이해하면 쉽다. 우뇌적인 특징들을 많이 갖고 있던 내가 마인드맵을 사용하며 좌뇌적인 특징들이 생겼다. 다시 말하지만, 나누는 습관은 마인드맵을 사용하며 생겼다.

난 이기적인 사람이다. 결혼을 하고 두 아이의 엄마가 된 지금도 나의 꿈이 우선이고 나의 시간이 우선이다. 어느 새 여덟 살, 일곱 살이 된 두 아이는 대부분의 시간을 엄마 없이 보낸다. 그럼에도 불구하고 엄마가 최고라고 이야기하며 달려드는 두 아이를 보면 신기하고 감사하다. 더 많은 시간을 함께하는 아빠가 서운해할 때가 많을 정도로 내 품을 참 좋아한다. 그래서 더 고민하게 된다. 어떻게 하면 안쓰럽고도 고마운 이 아이들을 위해 좋은 교육을 해줄 수 있을까.

고민을 하던 어느 날 문득, 책에서 읽었던 정보가 내 머릿속에 스쳐 지나갔다.

귀/ 코/ 입/ 눈/ 피부. 이렇게 다섯 가지로 함께 해줄 수 있는 교육은 최고의 교육이라고 말이다.

바로 실전에 활용해보았다.

하루 종일 아이들과의 대화 속에 이 다섯 가지를 덧붙여서 시도해 봤다.

◆ (귀)

"방금 엄마는 너무 서운했어. 엄마가 만든 맛탕인데…. 수아가 맛없다고 한 말이 엄마 귀에 계속 들리는 것 같아. 그 말을 듣고 엄마가 많이 속상한 것 같아~."

수아는 곧바로 내 귀에 속삭였다.

"엄마~ 아까는 뜨거워서 내가 그렇게 말했던 것 같아요~. 엄마의 맛탕은 너무 맛있어요, 사실은~"

◆ (코)

"킁킁- 어디서 방구 냄새가 날까? 진우의 엉덩이에서 나나~? (아이를 붙잡고 엉덩이를 킁킁거리면서) 아닌데, 그럼 수아의 엉덩이에서 나는 냄새일까? 아니네~ 어디서 방구 냄새가 나지?"

갑자기 엄마에게 붙잡혀 엉덩이 냄새를 맡게 했더니 아이들이 재미있었나 보다. 까르르 웃으며 다시 방귀 냄새를 찾아보라며 엉덩이를 들이밀기도 하고, 진짜로 방귀를 뀌고서는 도망가기도 한다.

◆ (입)

"엄마는 수아가 입술을 동그랗게 우~ 하고 사진을 찍을 때 너무너무 귀여운 것 같아. 입술이 하트 모양이 되는 것 같기도 하고, 귀여운 강아지 똥구멍 같기도 해. 그리고 '엄마 나랑 뽀뽀해줘요~'라고 하는 것 같아. 진짜로 뽀뽀 한번 하자, 엄마랑~."

뽀뽀에 익숙하지 않았던 모녀였다. 엄마가 행복해한다는 것을 느끼고는 이제는 먼저 다가와 뽀뽀를 하는 수아가 되었다.

◆ (눈)

"진우야 이리 와 봐. 엄마 눈에 뭐가 보여요?"
"앗, 엄마 눈에 진우가 보여요!"

"이상하다? 엄마가 눈에 보물 넣어놨는데?"
"엄마 눈에 보물을 넣었어요? 눈에 넣으면 아프지 않아요?"
"응 하나도 아프지 않아~ 너무 사랑해서 하나도 아프지가 않아~"
"엄마, 그럼 진우가 엄마 보물이에요? 맨날 맨날 눈에 넣어갖고 다녀도 안 아파요?"
"응, 하나도 안 아파. 엄마가 너무너무 진우를 사랑해서 하나도 안 아파~."

진우는 잠시 가만히 나를 바라보며 너무너무 행복한 미소를 지었다.

💎 **(피부)**

피부 단어를 떠올리고서는, 아이의 몸을 쓰다듬어본다.
문득 아이의 종아리가 매우 거칠었음을 깨달았다.

"진우야, 바디로션 갖고 와 봐. 엄마가 발라줄게~ 너무 거칠거칠하잖아~"
"엄마, 진우 피부가 안 좋으면 걱정돼요?"
"그럼 걱정이 많이 되지. 이~만큼 오일을 섞어서 로션을 발라보자."
"엄마, 오일을 로션에 섞으면 피부가 더 좋아져요?"
"그럼~ 이 오일은 호호바 오일이야. 엄마가 진우 발라주려고 좋은 거 사 놓은 거야~."
"엄마. 고맙습니다~."

본인을 위한 엄마의 행동에 기분이 좋았나 보다. 세상 행복한 얼굴로 90도 인사를 하고는 그날 저녁, 웬일로 밥도 금방 먹고 말도 아주 잘 듣는다.

아이와의 대화가 어려운 부모들이 있다.

익숙한 대화를 나누고, 익숙한 질문만을 던지게 된다. 하브루타 교육, 유태인 교육이 좋다는 것을 알고 있고 관련 서적도 많이 읽지만 실생활에서 해보기는 쉽지 않다.

머릿속에 마인드맵이 있다면 걱정할 필요가 없다. 보는 것, 듣는 것, 말하는 것을 모두 마인드맵에 대입시켜보면 된다.

아이는 아이답게 클 때 가장 잘 성장한다고 본다. 그것이 바로 오감 교육이다. 부모와의 대화 안에서, 길지 않아도 오감을 느낄 수 있는 대화를 하고, 대화 안에서 부모의 관심과 사랑을 느낀다면 얼마든지 아이는 행복하고 안정감 있게 성장할 수 있을 것이라 생각된다.

다시 한번 말하지만, 키워드가 답이다. 키워드를 통한 나의 행동을 이끌어내자. 오감의 단어를 명심하고, 눈과 코, 귀와 입, 그리고 피부를 통한 아이와의 대화를 자주 나누자. 짧은 시간을 함께하더라도 분명, 부모의 사랑만큼은 잔뜩 느끼게 해줄 수 있을 것이다.

마인드맵 습관,
여든까지 간다

· · ·

맵 스쿨에는 아주 힘든 과제가 있다.

매일 3개의 마인드맵을 30일 동안 올리기/ 시간 관리 강의를 듣고 주간 스케줄 작성해서 인증하기/ 내가 배우고 느낀 것들을 블로그 포스팅해서 인증하기.

한 달 동안 모든 미션을 성실하고 꾸준하게 해내시는 분들은 기수별로 1/5 혹은 1/10의 확률이다.

어른이 되면 입버릇처럼 아이에게 향하는 대표적인 잔소리 몇 개를 써본다.

일찍 일어나라.
스스로 알아서 해라.
숙제를 끝마치고 나가 놀아라.

목표를 갖고 행동해라.

마인드맵을 하루 3장 그려내는 일은 결코 쉽지 않다. 10년 동안 마인드맵을 해온 나의 노하우를 전달하기 위한 초강수를 둔 방법이다. 마인드맵을 질보다는 양이 중요하다. 그 양을 채우는 것이 1차 목표인 것이다.

배우고 싶어서 자발적으로 신청한 온라인 과정이니 당연히 과제도 스스로 해내야 한다.

시간이 없다는 핑계는 부끄럽다. 시간을 정하고 과제를 마치는 것에 집중하면 누구나 할 수 있다.

주어진 목표는 1달간 90개의 마인드맵이다. 지금 이 순간 펜을 들어 종이 위에서 끄적이기 시작하는 작은 행동이 90개의 마인드맵을 완성시킬 수 있다. 우리는 무엇이든 못하는 것이 아니라 안 하는 것이다.

마인드맵 90개를 채워나가기 위한 맵 스쿨을 준비하면서 생각이 많았다. 배송되는 맵 스쿨 패키지를 계속 업그레이드 중이며, 사용해본 다양한 문구 중 최고의 품질로만 구성한다.

마인드맵을 하며 10년 동안 문구 덕후가 되었다. 마인드맵을 그리기 좋은 펜과 마인드맵이 잘 그려지는 좋은 종이로 선택했다. 마인드맵을 하는 우리이기에 3색 펜보다는 더 비싼 5색 펜을 고집했다. 사용하던 주간 스케줄에 마인드맵을 넣어 새로 디자인했고, 독서를 하며 마인드맵을 활용할 수 있는 양식지도 개발했다. 맵 스쿨을 진행하며 발견하는 마인드맵 덕후인 내가 새롭다.

지난 10년간, 마인드맵을 통해 바뀐 내 삶은 나만이 안다.

부지런해보이지만 부지런하지 않다. 섬세한 것 같지만 엄청 덤벙거린다. 마인드맵이 낯설던 시기부터, 마인드맵에 대한 흥미를 갖고 매일 끄적거리던 순간. 그리고 끄적임이 쌓여 나의 기록물로서의 형태를 갖추기 시작하고, 그 쌓임이 내 포트폴리오가 되어 날 성장하게 만든 그 순간까지.

누구보다도 내가 뼈저린 성장통을 겪으며 지내온 10년이 머리부터 발끝까지 새겨져 있다.

그 10년의 경험으로 만든 온라인 과정이다. 오프라인 수업은 수도 없이 했다. 하지만 대부분이 흥미로 끝이 났다. 아무리 마인드맵을 설명해드려도 집에 가는 순간, 그저 낯선 도구로 책꽂이에 꽂힐 뿐이었다.

최소한 한 달이라는 시간만 내게 맡긴다면 어떨까. 난 그들을 바꿔놓을 수 있을까. 생각을 실행에 옮기면서 다시 하나의 경험을 쌓았다.

그렇다. 마인드맵은 결국 습관이다.

성인이 되어, 좋은 습관 한 가지를 만든 적이 있는지 묻고 싶다.

이 질문에 자신 있게 있노라 답하는 당신이라면 마인드맵을 무조건 잘할 수 있다.

마인드맵이 습관인 것처럼, 새로운 습관을 갖는 것 또한 습관이다.

사람은 좋은 습관을 배우고 갖춰가며 그만큼 성장해나간다.

어떤 습관을 무기로 살아갈 것이냐가 축적되어 나의 인생이 그려진다.

습관은 반복이다. 한 번의 행동으로 끝나는 것이 아니기에 내 가까운 가족에게 전파된다.

아침 일찍 일어나는 엄마.

퇴근하자마자 깨끗이 씻고 저녁을 드시는 아빠.

용돈 기입장을 잘 쓰는 누나.

밥을 먹고 설거지통에 잘 가져다두는 동생.

서로가 갖고 있는 습관을 바라보면서 우리는 상대를 평가하기도 하고 배우기도 하고 꾸짖기도 한다.

엄마로서, 혹은 아빠로서 내가 갖고 있는 좋은 습관은 무엇인가.

딸과 아들로서 혹은 교육자나 팀원으로서 좋은 사람으로 평가될 만한 습관은 어떤 것을 갖고 있는가.

마인드맵은 좋은 습관이다.

나를 돌아볼 수 있는 습관.

나를 북돋을 수 있는 습관.

나를 위로할 수 있는 습관.

나를 행동하게 할 수 있는 습관.

나를 어제보다 나은 사람으로 변화시켜줄 수 있는 습관.

딴짓 마인드맵

. . .

어렸을 적 오소희는 어디로 튈지 모르는 럭비공 같은 아이였다.

공부를 잘하지는 못했지만 하고 싶은 것은 모두 해냈다. 방송반에 스스로 지원해서 전교에서 3명을 뽑는 아나운서를 맡았다. 교정기를 끼고 커다란 안경을 쓰며 "아나운서 오소희였습니다"라고 말하던 당돌한 시절이 떠오른다.

등교하면 엎드려 자고 하교할 때 친구들이 깨웠다. 주관식 OMR 답안지에 'DEUX'를 꼼꼼하게 체크하여 제출한 적 있다. 답안지를 선생님이 교실 뒤편에 붙여뒀지만 창피하지 않았다. DEUX를 좋아했던 나의 학창 시절 재미있는 추억일 뿐이다.

치맛바람이 매서운 동네에서 자랐는데도 불구하고 고등학교 때까지 서예 학원만 열심히 다녔다. 고 2때 친구 따라서 다니기 시작한 미술 학원에서 밤늦게까지 그림을 그리다가 한 달이 되어서야 엄마에게 "학원비 주세요"라고 말했다.

밑바닥이었던 수학 점수가 웬일로 높게 나와서 서울권의 여대를 특차로 붙었다. 당시 어렸던 마음에 여대가 재미없을 것 같아서 등록하지 않고 재수를 했다. 아직도 엄마는 이 사실을 알지 못한다. 엄마가 이 책을 읽으신다면 이번 주말에 등짝 한번 맞을 것 같다.

고등학교 때 사진부 자격으로 월요일 아침 조회 때 촬영을 맡았다. 다들 운동장에 모여 줄지어 조회를 서는데 난 자유롭게 돌아다닐 수 있어서 좋았다. 조회 때 주문받은 사진을 찍어 전달하며 용돈을 벌었다. 좋아하는 여자 아이의 사진을 주문한 남자 친구에게 전달하며 말이다. 어릴 적의 나지만 참 대단하다. 그때부터 사업 수완이 좋았나 보다.

딴짓 대마왕이었던 내가 공부에 미치기 시작한 건 스물여덟. 꿈이 생기면서이다. 미친 듯이 공부하여 자격증이 84개다. 주말이고 저녁이고 학원과 독서에 매달렸다.

엄마와 남동생이 그랬다. 그렇게 공부할 거면 진작하지 그랬냐고, 진작 했으면 서울대를 갔을 거라고.

세상 게을렀던 나다. 아침잠도 여전히 많고 엄마가 잔소리하면 몸이 더 굳는다.

꿈이 생기면서 해야 할 것들이 많아져서 부지런해질 수밖에 없었다. 책도 읽어야 했고 자격증도 따야 했다. 과제를 내기 위해 글도 써야 했고, 뒤처지지 않기 위해서는 남들이 하는 모든 것을 해야 했다.

해야 하는 것이 아니라 해내야만 했다.

열심히 살기 시작한 스물여덟? 열심히 살 이유를 찾은 스물여덟. 이게 더 맞는 표현인 듯하다.

난 나의 목적을 찾기 시작하면서 열심히 살았고 부지런히 살았다. 지금도 마찬가지이다.

20대는 실패/ 30대는 도전/ 40대는 성장/ 50대는 성공/ 60대는 양성

10년을 주기로 내게는 삶의 [키워드]가 있다.

10대 때 찾아온 가정의 IMF. 그리고 50대 초반에 기울어진 아버지의 모습을 보며 생각했다. 어차피 인생에 실패가 한번쯤 찾아온다면 난 일찌감치 나의 20대를 실패라는 키워드로 살자고 다짐했다. 실패할 만한 것들을 모조리 찾아 했다. 실패를 하게 되면 성공이었다. 실패도 값지고 그 끝에서 우연히 성공을 만나면 더욱 값졌다.

30대부터가 도전이었다. 실패가 목적이 아니라 이제는 도전이 목적이었다. 결과에 연연하지 않고 가급적 많은 것에 도전했다. 꼭 돈을 버는 수단이 아니더라도 도전했다. 세상을 돈 버는 일과 그렇지 않은 일의 경계에서 아슬아슬하게 살아내고 싶지 않았다. 30대 때 해봤던 수많은 도전들이 겁 많은 오소희를 도전이 즐거운 오소희로 변화시켜주었다.

현재는 40대를 살고 있다. 아이만 성장하는 것이 아니라, 어른도 꿈을 꾸고 실패하고 도전하며 성장해 나갈 수 있다는 것을 보여주고 싶다. 엄마로

서의 삶 그 높은 벽 너머의 또 다른 성장으로 다양하게 뻗어나가고 싶다.

 인생은, 공부의 성적순이 아니라 경험의 횟수라는 것을 실패와 도전을 통해 배워 왔다. 일찍 피는 꽃이 있고 늦게 피는 꽃이 있다면, 난 늦게 피는 꽃이다. 늦게 피었기 때문에 더 오래갈 수 있다. 오랜 기다림이 있었기에 더 짙은 향기가 있을 수 있다. 난 나의 두 자녀가 내 인생과 닮아가길 바란다. 공부를 못해도 좋다. 왕따도 당해보고 실패도 실컷 해보고 좌절도 맛보았으면 좋겠다. 이르게 성장통을 맛본다면 더 그만큼 많은 시간을 느끼며 살아갈 수 있다. 더 많이 공감하고 소통하며 즐겁게 살아갈 수 있을 것이라 생각된다.

 난 내가 살아온 이 시간들이 너무 예쁘다. 글을 쓰면서 다시 생각해봐도 그 시간 모두가 내게는 축복이다. 고생했던 시간은 그 시간대로, 행복했던 시간을 그 시간대로…. 모든 시간이 지금의 나를 있게 한 과정이다. 너무 행복한 내 인생에 '공부 머리'라는 건 없었다. 그저 내 인생 삶의 '키워드'를 두고 목표와 방향 안에서 즐겼을 뿐이다. 누군가의 계획이 아니라 나만의 계획 안에서 할 일을 했을 뿐이다. 그게 성과로 일어났든 과정으로만 남았든 개의치 않았다. 공부라는 단어를 머릿속에서 지우고 내 인생을 통으로 생각하며 방향을 정했고, 그 방향 안에서 해야 할 일을 찾아내며 살았다. 그랬더니 인생이 너무 재미있고 훌륭하다.

 그리고 그 훌륭한 인생은 내 아이들의 교과서가 된다. 그것이 나의 마지막 꿈이 될 것이다.

거지같은 낙서,
거지같은 독서법

· · · ·

"어휴, 덩치도 작은 사람이 왜 이렇게 무겁게 갖고 다녀!"

가방엔 항상 두꺼운 바인더가 들어있다.

빨간색, 핑크색, 노란색, 다시 빨간색….

그렇게 가죽만 바꿔가며 사용한 나의 3P바인더.

하루하루가 쌓인 10년 치의 주간 스케줄이 모두 모여 보조 바인더 3권을 채우고 4권째에 접어들었다.

나의 마인드맵 역시 이제는 역사처럼 10년 동안 기록해온 블로그와 바인더를 꽉 채웠다.

비움과 채움을 반복해가며 10년을 기록하는 날 보며 사람들은 놀란다. 그러며 의문을 갖는다.

"원래 이렇게 필기를 잘했어? 원래부터 다이어리 쓰는 거 좋아했어?"

아니요.

메모의 힘은 마인드맵의 시작과 같았다. 기록의 힘을 알게 된 2010년부터 내 인생은 하루하루가 모두 기록되어 왔다. 손바닥만 한 낙서장이 뭐가 그리 소중한지…. 무거운 노트북을 등에 지고 뾰족구두를 종이 가방에 담아서 대중교통으로 이동하며 다녔던 강사 초창기 시절에도 바인더가 없으면 불안했다. 한 번도 펼쳐보지 않았던 날들도 많다. 대단히 멋진 내용이 담겨져 있던 것도 아니다. 사람이 아닌 도구에 분리불안이 생기다니. 내가 생각해도 정상적이진 않았다.

기업 교육 미팅을 갔다. 확정되지 않은 상태에서 교육 담당자를 만났는데, 내 다이어리를 보더니 교육을 확정했다.

이 정도로 메모할 줄 아는 강사라면 분명 교육도 멋질 것이라는 말에 감동받았던 기억이 있다.

한 가지를 배우면 꽂히는 스타일이다. 메모가 그러했다. 3P 바인더에 꽂히기 시작하면서 메모 덕후가 되었고, 문구 덕후가 되었다. 예쁜 볼펜, 예쁜 메모장에 눈길이 갔다. 강사를 하면서 구두나 가방 명품에 눈길 한 번 준 적 없는 내가 문구점을 지나치지 못했다. 그리고 좋은 것을 보면 공유하고 싶은 것이 내 고집이다. 맵 스쿨에서 제공되는 패키지는 나와 북앤바인더 강명경 대표님이 직접 사용해보며 고른 명품 문구들이다.

끄적이는 습관은 많은 선물을 가져다주었다. 메모를 하기 시작하면서부터 생각하고 고민해보는 것에 재미가 들렸다. 하브루타를 스스로 하는 효과였다. 왜 해야 하지? 뭘 해야 하지? 어떻게 해결해야 하지? 왜 그렇게 느낀 거지? 끊임없는 질문을 내게 던졌다. 상당히 일차원적인 사람이었는데 다각도로 생각하게 되었다. 메모는 모든 시간과 추억을 소환한다는 걸 알았다.

메모를 하기 시작하면서 몸값도 바뀌었다. 생각만을 기록한 것이 아니라 미래 계획을 세웠다. 다양한 방법을 이미 종이 위에서 예측했다. 종이 위에서 선택을 했고, 메모 덕분에 실행했다. 시각화라는 것이 뇌에 미치는 영향이 얼마나 대단한지를 체험했다. 종이 한 장 한 장을 절대 무시하면 안 된다. 모이고 쌓아서 두꺼운 책 한 권이 되듯이, 그렇게 모인 작은 실행 습관이 모여서 현재의 내 몸값을 만들어냈다.

2014년과 2015년에 연둥이들이 태어났다.

앞서 말했던 것과 같이 늘 거실과 방에는 종이와 색연필이 뒹굴었다. 청소를 잘 안 하는 엄마 덕(?)에 낙서하는 것이 만만한 아이들로 커갔다. 요즘도 엄마가 늦은 밤 서재에서 온라인 강의를 하고 있으면 "안녕히 주무세요~."라고 화이트보드에 써 두고는 조용히 나간다. 색종이 뒷면에 "엄마 사랑해요"라고 적고 슬며시 밀어주고도 간다.

8세가 되어 초등학교를 입학한 수아는 내가 봐도 정말 놀랍고 기특하다. 하교를 하고 나서 집에 돌아오면 할 일 목록을 포스트잇에 작성해서 책상에 붙여두고 스스로 모든 일을 해낸다. 누구한테 배워서 이렇게 잘

하는지 원~

 둘째 진우는 하원을 하면서 유치원에서 가져온 종이에 정체불명의 그림을 그려 넣고서는 "엄마, 선물!"이라고는 건넨다. 낙서와 메모가 생활화된 아이들이다. 사방 모든 것에 기록을 한다. 기록이 자연스럽고 기록이 쌓이는 집이다.

 요새 박현근 코치의 '글로벌 메신저 유치원'에 참여하고 있다. 깜짝 미니특강으로 초반에 강사로 세워주셨는데 그때 내가 유행어 하나를 낳았다.

 "거지같이 책 읽기."

 책에 밑줄도 긋고 핵심어에 동그라미도 친다. 예쁘고 곧게 치면 안 된다. 마구 쳐야 한다.
 책의 여백을 가만히 두면 안 된다. 책을 마구 괴롭힌다는 생각으로 낙서해야 한다. 그림을 그려 넣어도 좋고, 저자와 한판 붙듯이 내 생각을 끄적여도 좋다. 난 마인드맵을 주로 그린다. 동그라미 친 핵심어에서 쭉~ 가지를 뻗어 책 본문을 읽음과 동시에 드는 생각들과 실행 계획들을 뽑아낸다.
 엄마의 '거지같은 독서법'은 아이들에게도 영향을 미치기 시작했다.
 "엄마, 나도 책에 낙서해도 돼요?"
 "당연히 되지!"
 우리 집 책들은 대부분 중고다. 책방에서 아이가 고른 한 권의 책들도,

중고 사이트에서 거래해서 우리 집으로 이사 온 전집들도 상관없다. 어차피 모두 손때 묻어 온 것들이 대부분이다. 설령 새 책을 구매했더라도 나는 곱게 내 집에서 내보내줄 생각이 없다. 중고로 팔고 싶어서 새 책으로 둔다는 것은 책에 대한 기만이라고 생각한다. 책을 소중하게 할 일이 아니다. 독서를 하는 내 시간과 내 생각을 소중하게 한다면 무조건 밑줄 긋고 동그라미 치고 끄적여야 한다.

  책과 대화하는 가장 좋은 방법은 낙서다.
  내 생각의 낙서. 내 생각은 절대로 그 자리에 머물러 있지 않는다. 둥둥~ 시냇물 위에 떨어진 낙엽처럼 힘없이 떠내려가 버린다. 그 생각을 붙잡아야 한다. 다이어리에 필기하는 것도 좋다. 독서하며 제일 좋은 방법은 그냥 책에다 끄적이는 것이다. 책 속에 끄적여야 나중에 그 책을 다시 꺼내었을 때 예전에 했던 나의 생각을 다시 바라볼 수 있다. 재독을 하였을 때 저자의 글보다 나의 글이 더 맛있고 재미있어졌다.
  "오호~ 이때 이런 생각을 했던 거야?"
  나와의 대화. 너무나 즐거운 나의 글과의 대화.

  새 책상과 새 책, 새 다이어리.

  새 것을 다루는 우리의 마음이란 뭔가 무겁다. 계속 새 것이어야만 할 것 같아서 쉽게 사용할 수가 없다. 책도, 다이어리도 자유로운 끄적임으로 가득할수록 훨씬 좋은 도구의 사용과 성과로 이어진다.

메모라는 것의 목적이 뭘까. 살아가는 찰나의 순간이 아쉬워서 우리는 메모를 한다.

뇌의 특징 중 하나가 '잘 까먹는다'는 것이다. 메모의 중요성과 재미를 꼭 느껴야 한다. 아인슈타인도, 스티브 잡스도, 빌 게이츠도 메모에서 시작되었다. 그들은 종이 위에서 그림과 글자를 갖고 놀았다. 생각의 자유로움을 종이 위에 펼쳐냈다. 메모가 집약되어 그들의 인생을 만들어냈다.

거지같은 낙서장이 내게는 많다. 거지같이 접히고 그어지고 써진 책들도 많다.

더 거지같을수록 얼마나 애정이 가는지 모른다.

예쁜 글씨, 깨끗한 책장이 아니길 바란다. 메모하는 내용에 푹 빠져서 책보다 생각을 소중하게 대하는 나의 우리가 되길 바란다. 난 오늘도 아이들과 함께 펜을 든다. 읽어 내려가는 것보다 쓰는 것의 즐거움을 느끼고 못난 글씨조차도 사랑할 줄 아는 아이들로 키우고 싶다. 그리고 무엇보다 끄적임을 통해 서로 소통하고 표현할 줄 아는 가족으로 살아가고 싶다.

관계 마인드맵

· · ·

단순한 성격이다. 속에서 천불이 나면 눈과 입이 삐죽거리고 얼굴이 달아오른다. 기분이 좋으면 콧구멍이 벌렁거리고 입이 커지며 눈주름이 잡힌다. 속과 겉이 하나인 솔직한 성격이 장점이라 생각했다. 솔직함과 단순함이 단점이 될 수 있다는 것을 안 것은 서른을 넘어가면서부터이다.

남편은 굉장히 이성적인 사람이다. 쉽게 마음을 주지 않고 쉽게 사람을 믿지 않는다. 감정적이지 않고 침착하다. 어떤 감정으로 상황을 바라보는지 절대 들키지 않는다. 감정적인 나와 만나서 고생이다. 아니, 어쩌면 내가 더 고생일지도 모르겠다. 너무 속을 드러내지 않으니 서운할 때가 많다.

부부도 이렇게 다른데, 살아가면서 우리는 얼마나 나와 다른 사람들을 만나며 살아갈까. 혈액형도 다르고 에니어그램도 다르고 나이와 직업도 다른 사람들과 부딪히며 살아간다. 말수가 많은 사람이 말수가 적은 사람 앞에서 쉼 없이 떠든다. 남자 친구가 매번 바뀌는 친구가 한 번도 남자 친구를 만난 적이 없는 친구에게 훈수를 둔다. 40년이 넘게 다른 사람들과 만나왔다. 그만큼 부딪힘이 많았다.

　상처를 잘 받는 성격이었다. 과거형으로 말한 이유는 예전보다는 많이 나아졌기 때문이다. 이성적인 남편의 조언 덕도 있고 살아오며 체득한 경험 수치가 높아져서 상처를 덜 받는 것 같다. 더 좋은 발전 하나가 더 있다. 상대와 나의 관계를 잘 파악할 줄 알게 되었다. 이 또한 마인드맵 덕이다.

　솔직한 날 그대로 보여주는 것만이 좋은 게 아니라는 걸 안 순간 혼란스러웠다. "네가 날 잘 아니까 이해할 거라 생각했어." 이 말이 얼마나 상대에게 무책임한 이야기인지 깨닫게 되면서 관계에 대해 깊이 고민하기 시작했다.

　많은 사람과 관계를 맺고 살아간다. 사람을 좋아하는 나는 강의를 할 때도, 취미 활동에도, 배움에 집중할 때도 함께하는 사람이 좋아야 끝까지 해낼 수 있다.
　좋은 관계를 맺고 상대와 긴 인연을 맺어가려면, 나의 성향을 잘 파악하는 것도 중요하고 나와 다른 상대의 성향을 파악하고 이해하는 것도 중요하다.

　여기서 발휘되어야 할 또 한 가지는 상대를 위해 선택하는 나의 언어와 몸짓, 표정, 행동이다. 바꿔야 한다면 고민해봐야 한다고 생각했다. 감정이 고스란히 드러나는 나의 표정에 문제가 있다면 인지해야 했고, 바꾸기 위한 노력을 해야 했다. 어떤 노력을 하지? 얼굴이 달아오르면 잠깐 자리를 피하는 게 나았다. 너무 화가 나서 상대방에게 심한 말을 하고 난 후 후회할 수도 있었기에 시간을 두고 다시 만나 이야기하려고 노력했다. 그때그때 떠오르는 단어를 사용하기보다는 한 번 더 생각한 언어로 표현하려 했다. 나의 직관적인 생각을 내뱉기보다는 질문을 던져서 상대의 생각을 파악하려고 애썼다. 그랬던 적이 없었지만 나의 사회적 관계를 위해 그래야 했고 내 좋은 지인들에게 상처주지 않기 위해 노력해야만 했다.

어떻게 하지? 뭘 바꿔야 하지? 왜 내가 바뀌어야 하는 걸까. 고민했고 방법을 적고 훈련했다. 물론 아직도 내 소소한 습관들을 바꾸긴 쉽지 않다. 하지만 왜 바뀌어야 하는지를 스스로 알고 있으면 변화할 수 있었다. 조금씩 나아질 수 있었다. 관계 비즈니스로 바뀌어가고 있는 시대를 살아가려면 나를 바꿀 수 있는 능력은 필수라고 생각했다.

또 하나의 방법으로는 소개받은 사람들의 관계를 가지로 연결하여 작성해보는 것도 있었다.

내가 A라는 사람을 통해서 B와 C를 알게 되었다면, A의 가지치기에서 B와 C를 나누어서 맵핑한다. C를 통해 D, E, F를 알게 되고 또 E를 통해 G, H, I를 알게 되었다면 또 그 각각에서 가지를 뻗어서 인맥을 맵핑해봤다. 맵핑을 하고 가만히 들여다보니 나는 B가 대하기 편하다는 이유로 B만 만나고 있었다. 어찌 보면 C가 참 고마운 사람이고 필요한 사람인데, 편한 사람만 상대하며 관계를 맺어가고 있었던 거다. 마인드맵을 통해 내가 주변 사람들과 관계를 맺는 습관, 그리고 인맥 관리에 부족함이 있음을 깨닫고는 지역과 업무, 관심사마다의 맵을 작성하여 길을 오갈 때마다 쉼 없이 소통하려 노력하고 있다. 그 결과 예전과는 다른 깊이 있는 만남이 지속되고 있고 사람과 사람에도 노력이 있어야 한다는 것을 참 많이 배워가고 있다.

 마음이 오가고 맞는 사람이 노력하지 않아도 관계가 계속 좋을 것이라는 건 우리의 착각이다. 날 잘 이해하는 사람도 나의 작은 실수에 상처받을 수 있기에 우린 늘 노력해야 한다. 또한 사회적 관계를 위해 내가 먼저 손 내밀어 다가가야 하는 사람들에 대한 노력도 해야 한다. 우리는 모두 완벽하지 않기에 서로가 조금씩 관계를 위한 성장을 할 때에 서로에게 좋은 영향력을 끼치는 사람으로서 더욱 돈독한 사이로 발전해 나갈 수 있다.

 관계 마인드맵을 펼쳐내며 또 느꼈다. 마인드맵은 놓쳤던 나의 모습을 시각화해주는 도구이다. 현재를 피드백하고 과거의 상처를 드러내어 치유해주며 성장시켜준다. 변화해야 할 지점을 향한 방향을 잃지 않도록 나침반이 되어준다. 마인드맵에 생명이 있다면 정말 내 인생을 변화시켜준 너무나 고마운 베스트 프렌드였을 것이다.

<제5장>

마인드맵 후기

마인드맵이 바꾼 일상

– 김준희

💎 나의 이름은!

저의 30대는 엄마라는 이름에서 시작했습니다. 결혼과 동시에 임신, 그리고 출산으로 자연스럽게 제 이름보다는 누구의 엄마가 된 거죠. 아기가 태어나면 같이 예쁘게 커플룩을 맞춰 입고, 문화 센터를 다녀오고, 카페에서 간식을 먹고, 집에 와서 거품 목욕 놀이를 하는, 늘 웃음 가득한 날들이 이어질 것이라고 상상했습니다. 하지만 현실은 그렇지 않았습니다. 예민한 첫아이는 온갖 잔병치레에 낯가림도 심했습니다. 벗을 일 없는 아기 띠는 늘 나와 한몸이었습니다. 화장실도 아이를 업고 갈 수밖에 없는 시간 속에서 제 이름은 그냥 누구의 엄마였습니다.

아이가 조금 크면서 말을 잘 알아듣게 되자 하나를 알려주면 기가 막히게 기억을 했다가 사람들 있는 곳에서 짠하고 보여주는 것이었습니다. 주위에서 '아이가 참 잘한다', '어떻게 키우냐'고 물어보기 시작했습니다. 열정 엄마가 탄생한 순간이었죠. 지금 생각해보면 그 모든 바탕은 책이었습니다. 원래 책을 좋아했기도 했고, 조카도 없고 결혼한 친구도 없던 제가 말도 못 하는 아이와 함께 할 수 있는 건 늘 하던 독서뿐이었습니다. 다만 제가 좋아하던 소설책에서 그림책으로 바뀌었을 뿐이죠. 태교도 책으로 했고, 100일 선물도 책이었으며, 돌 선물은 전집을 왕창 사주었어요. 그런 열정 맘으로 아이에게 모든 걸 쏟아 부어주었습니다. 덕분에 아이도 책을 늘 끼고 살았어요. 그렇게 큰아이가 여섯 살이 되었고 그사이에 둘째도 태어나 세 살 터울의 남매를 키우며 엄마의 삶을 살았습니다. 언젠가부터 나라는 이름은 잊히고 엄마라는 이름으로 살고 있었습니다.

💎 엄마도 꿈이 있었나?

그런데 어느 날 '나는 괜찮은 사람인가?' 싶은 순간이 찾아왔습니다. 어느 날 아이가 물어봤습니다. "엄마는 꿈이 뭐야?" 유치원에서 꿈에 대해 배웠나 봅니다. 그 질문에 제 심장이 쿵 내려앉았습니다. 꿈이란 말을 너무 오랜만에 들어봐서일까요? 아이의 물음에 선뜻 대답이 나오지 않았습니다. 그래도 대답을 해줘야 하니 "우리 규리랑 서준이랑 사랑하며 행복하게 사는 거?"라고 대답했습니다. 아이 수준에서는 이 정도면 되겠지 싶은 말이었습니다. 그런데 돌아오는 아이의 말이 너무 충격이었습니다. "에이…." 그 잠깐의 '에이….'가 너무도 길게 제 마음에 남았습니다. 꿈이 없는 엄마는 아이의 눈에 '에이….'와 같은 모습이구나 하는 생각이 들었습니다. 가슴을 망치로 얻어맞은 느낌이었습니다. '나는 언제부터 나의 꿈을 잊어버린 것일까?', '내가 다시 꿈을 가질 수 있기는 한 걸까?' 하는 생각이 가슴을 짓눌렀습니다. '이렇게 나라는 존재는 사라지는 것일까?'라는 생각이 들었습니다. 겉으로는 울지 않았지만, 가슴은 이미 시퍼렇게 멍이 들었습니다. 분명 나도 꿈이 있었습니다. 지금의 모습이 꿈은 아니었습니다. 하지만 이제 그 꿈이 무엇인지도 잊어버렸습니다. 그해 겨울은 유독 길었습니다.

엄마에서 팀장으로 다시 사춘기

 힘든 겨울을 보내고 아이가 일곱 살이 되었을 때, 둘째도 어린이집을 가기 시작했습니다. 엄마로서의 생활에서 오롯이 저 혼자만의 시간을 쓸 수 있게 되었죠. 저는 U 회사의 북큐레이터 일을 시작했습니다. 회사는 사내 교육 시스템이 탄탄히 잘 되어 있어서, 영업이라고도 할 수 있는 북큐레이터 일을 누구나 할 수 있도록 체계적으로 교육해줍니다. 거기에 아이를 잘 키웠던 그 경험으로, 어느 시기에 어떤 책을 함께 읽어주면 좋은지, 한글 학습의 시작은 어떻게 하면 좋은지 고민하는 엄마들에게 자세한 설명을 해줄 수 있었습니다. 저도 겪었던 육아 고민을 똑같이 겪고 있는 엄마들에게 함께 공감하며 교육의 방향을 잡아주는 일은 정말 재미있었습니다. 2년 동안 재미있게 북큐레이터 일을 하고 팀장이 되었습니다. 그동안 저도, 아이도 성장했습니다. 더는 '에이…'의 엄마가 아닌, 어엿한 꿈을 가진 엄마였죠.

 그런데 아이가 성장한 것은 몸만이 아니었습니다. 초등학생이 되자, 내 맘 같지 않다는 말이 절로 나올 정도로 자꾸만 아이와 부딪혔습니다. 아이의 생각을 이해해보려 노력했지만 도통 알 수 없었습니다. 고민의 시간은 그때뿐이고 생각은 곧 날아가 버렸습니다. 시간에 쫓겼고, 아이는 아이의 스케줄을 소화해야 했습니다. 싸우고, 울고, 화를 냈다가 어르고 달래며 지내다 보니 아이는 4학년 사춘기가 되었습니다. 저도 그렇게 40대가 되었습니다. 바쁘게 지내다 보니 40대를 전혀 준비하지 못했습니다. 제 아이도 사춘기를 준비하지 못한 건 마찬가지였습니다. 준비한다 해서 할 수 있는 것도 아니지만, 힘든 일을 겪을 수도 있다는 마음의 준비도 없이 그 시기를 맞이했습니다. 사춘기의 아이와 부딪히면서 제일 많이 했던 말이 "대체 왜 그러는 거야?"라는 말이었고, 아이가 제일 많이 했던 말은 "잘 모르겠어"라는 말이었습니다. 환장할 노릇이었죠. 책을 그렇게 많이 읽어줬는데, 그 많은 경험을 시켜줬는데, 왜 자기 생각을 표현하지 못하고 답답함에 모르겠다고 하는지…. 그 또한 이해가 안 가서 저는 왜 그러는 거냐는 말만 되풀이해야 했습니다.

　그동안은 아이를 잘 키우고 있다는 생각에 엄마로서의 자존감도, 팀장으로서의 자존감도 높았습니다. 그런데 아이들이 어느 정도 크자 저의 자잘한 손길이 필요치 않았고, 혹은 제 손길이 튕겨 나오기도 했습니다. 엄마의 의견을 따르기보다는 자기 생각을 얘기하는 때였죠. 하지만 엄마들은 이미 살아본 만큼 아이가 더 좋은 선택을 하길 바라고, 기왕이면 꽃길을 걷길 바라게 되잖아요. 저도 그랬습니다. 아이의 선택이 마음에 들지 않으면 왜 그걸 선택하는지 묻기 일쑤였고 아이도 감정이 앞서 논리적인 설명을 하기보다는 그냥, 혹은 모르겠다는 말로 일관했습니다. 엄마로서의 자존감이 흔들리자 모든 게 불안정해졌습니다. 나의 30대는 아이 때문에 신나고 재미있었는데, 40대가 되니 아이의 마음도 알 수 없었습니다. 저의 마음도 모르겠더라고요. 혼란스러웠습니다. 나의 꿈을 찾기 위해 일을 시작했고, 아이에게 자랑스러운 엄마가 되기 위해 일을 시작했습니다. 하지만 아이가 사춘기가 되자 다시 원점으로 돌아간 느낌이었습니다.

💎 오소희, 마인드맵 친구 되기

그러던 중 3P바인더의 연간 페스타에 참여하게 되었습니다. 시간 관리 부분에서 아이와 자꾸 부딪히자 방법을 찾다 보니 3P바인더를 알게 되었고, 새해를 준비하는 연간 페스타를 한다기에 딸의 손을 잡고 같이 갔지요. 눈으로 보고 듣는 경험은 그 어떤 것보다도 소중하니까요. 그곳에서 오소희 작가님을 만났습니다. 《매일 마인드맵》의 저자라고 강규형 대표님께서 소개해주셨지요. 커다란 눈에 방긋 웃는 미소가 참 예뻤던 기억이 납니다. 마인드맵 작가라고? 마인드맵을 알고는 있지만, 마인드맵만 전문으로 쓴 작가라니 저의 호기심을 불러일으켰어요.

마인드맵이 낯설지는 않았습니다. 북클럽은 한 가지의 주제를 여러 영역의 책으로 융합해서 볼 수 있게 추천해주는 시스템이어서, 하나의 생각이 다른 생각들과 연결될 수 있다는 건 이미 익숙했습니다. 회사에서 강의를 들을 때에도 융합 독서 부분은 마인드맵으로 그려야 한눈에 파악이 돼서 종종 사용하고 있었어요. 그런데 마인드맵 작가라니? 마인드맵을 어떻게 한 권에 담아서 쓸 수 있는 거지? 라는 생각에 바로 《매일 마인드맵》 책을 샀습니다. 《매일 마인드맵》에는 마인드맵으로 채워지는 일상이 가득 담겨 있었습니다. 그런데 여태 제가 알고 있던 마인드맵과는 그 색깔이 너무나 달랐습니다. 마인드맵은 학습을 위한 기록 방법으로만 여겼는데, 그 책의 마인드맵은 친구처럼, 선생님처럼 함께 손잡고 안아주며 매일매일을 살아가는 힘을 주는 그런 마인드맵이었습니다. '이게 대체 뭐지?'라는 놀라움과 함께 가슴이 두근거리기 시작했습니다.

《매일 마인드맵》을 보면서 마인드맵을 조금씩 따라 해봤는데 마음에 들지는 않았습니다. 제대로 하는 건지 확인을 받고 싶어졌지요. 오소희 작가님이 운영하는 맵 스쿨 프로그램을 신청하고 그렇게 마인드맵을 그려대기 시작했습니다. 표현이 이상할지 몰라도 맵 스쿨 수강생들은 마인드맵을 그린 게 아니라 그려댔습니다. 맵 스쿨은 마인드맵을 하나하나 알려주는 유치원은 아니었기 때문입니다. 오소희 교장님은 예쁘장한 외모와는 달리 강단 있는 카리스마로 맵 스쿨의 학생들을 진두지휘했습니다. 수강생들은 "그려보면 압니다. 일단 그리세요!"라는 첫인사와 함께 하루 3장의 마인드맵을 미친 듯이 그려내야 했습니다. 마인드맵은 자기의 생각을 끄집어내는 경험이 반복되어야 하고, 그걸 예쁘게 그리는 것은 간단한 규칙일 뿐이라는 것은 하다 보면 깨닫게 되는 거였죠. 본질을 찾아가는 마인드맵 교육법이었습니다. 회사에 다니면서, 아이들을 돌보면서 하루 3장의 마인드맵을 그리기는 쉽지 않은 일입니다. 하지만 '어떻게 하는 거지?'라고 고민할 새도 없었습니다. 그렇게 한 장 두 장 그려낸 마인드맵이 쌓여가면서 내 안에 엉켜 있던 생각들이 풀어져 나오는 걸 느꼈습니다.

◆ 나라는 사람은

저는 모든 것이 나의 선택이라는 생각을 갖고 살던 사람입니다. 평소 고민이 있어도 혼자 해결하는 게 익숙했습니다. 내 얘기를 누군가에게 털어놓는다는 것이 저에겐 어려운 일이었어요. 그래서 내 안에 엉켜 있는 고민, 생각들을 끌어안고 커다란 생각덩어리 속에 묻혀 살았던 것 같습니다. 생각이 덩이로 뭉쳐지면 뭐가 문제인지, 어디서부터 해결해야 하는지 그 시작점을 찾지 못해 한참 헤매게 되지요. 처음 그린 마인드맵의 주제가 나였습니다. 나의 장점과 단점을 떠올려보게 했죠. 초등학교 때나 했던 자기소개 같아 처음에는 뭐지? 라며 웃음이 피식 나왔습니다. 선뜻 그려지지 않았습니다. 나의 장점이 뭔지, 단점이 뭔지 생각할 새 없이 하루를 살기 바빴습니다. 눈앞에 있는 일들을 해결하기에 급급해서 정작 나를 들여다보는 시간을 가져본 지가 언제인지 모를 정도로 오래되었구나 싶었습니다. 왠지 모를 쓸쓸함에 슬펐어요. 한 자 한 자 적어보았습니다. 나의 장점, 단점, 내가 좋아하는 것들, 잘하는 것들을 적다 보니 어느새 나라는 사람이 보이기 시작했습니다. 소소한 행복에 감사함을 느끼며 하루하루를 소풍처럼 즐겁게 살고 싶어 하는 사람이었습니다. 흔들리기만 했던 땅이 다시 단단해짐을 느꼈습니다. 생각이 단단해지니, 어디로 가야 할지 방향을 찾아야겠다는 생각이 들었습니다. 내가 지금 힘들어하는 문제들, 준비 없이 맞이한 나의 40대를 어떻게 꾸려나갈 것인지, 자꾸만 부딪히는 아이와의 갈등은 어떻게 해결해 나갈 것인지 말입니다.

🔹 마인드맵으로 아이와 대화하다

나에 대해 다시 알아갔던 것처럼, 제 아이를 이해해 보고 싶었습니다. 이제는 어떻게 해야 하나 하며 답답해하지 않았습니다. 마인드맵을 그리면 된다는 걸 알게 되었으니까요.

맵 노트에 좋아하는 아이의 웃는 얼굴을 그려놓고 생각의 덩이에서 하나씩 키워드들을 풀어 내보았습니다. 엄마로서의 나의 모든 처음을 같이 한 소중한 보물, 선한 본성, 잘하고 싶은 마음. 아이를 떠올리며 생각나는 키워드들을 꾹꾹 눌러 그리다 보니 제 안의 속상함, 화는 사라지고 반짝이는 보석 같은 아이가 나왔습니다. 그리고는 아이의 힘든 점은 무엇일까 하고 생각해보기 시작했습니다. 처음으로 아이가 되어서 생각을 해봤던 것 같아요. 엄마로서 아이가 왜 그러는지 분석하고 판단한 게 아니라, 정말 그 아이가 되어서 생각해봤습니다. '방학이지만 코로나로 인해 놀러 다니지도 못하고, 친구와의 만남도 조심스러워 마음껏 놀지도 못하니 정말 답답하겠다.', '귀찮게 하는 동생과 누나로서의 할 일을 얘기하는 엄마 사이에서 화가 많이 났겠구나.', '친구들은 다 가진 핸드폰도 아직 안 사주니 얼마나 속상할까.' 아이의 마음이 마인드맵 가지 위에서 연결되며 형태를 갖추기 시작했습니다. 그렇게 아이가 되어 생각의 실타래를 풀어내 보니 이해할 수 없었던 아이의 감정이 보였습니다. 뭐가 문제인지도 모를 때에는 어떻게 해야 할지 몰라서, 이것도 아닌 것 같고, 저것도 아닌 것만 같아서 우왕좌왕했습니다. 하지만 맵 안에 지도처럼 아이의 감정의 경로들을 그려놓고 보니 안아주고 보듬어주고 만져줘야 할 아이의 마음이 보였습니다. 그 감정들이 한 장의 맵에 그려지고 나니,

이 아이를 위해 뭘 해줘야 할지를 고민할 수 있었습니다.

그제야 이 아이에게 해줄 수 있는 것들을 다른 '주가지' 하나에 그려볼 수 있었습니다. 좋아하는 것들을 떠올리고, 아이가 웃을 수 있게 소소한 행복감부터 채워주려고 계획을 했습니다. 그렇게 한 장의 마인드맵이 완성되었습니다. 마인드맵이 완성되니, 그동안 알 수 없어 답답했던 순간들과 어떻게 해야 할지 막막해서 힘들었던 마음이 젖은 솜사탕처럼 녹아내려 갔습니다.

💎 삶으로 들어온 마인드맵

마인드맵으로 아이의 마음을 들여다본 후로는 마인드맵과 함께하는 일상이 많아졌습니다. 주말 친정을 갈 때엔 미리 화이트보드에 싸야 할 짐을 마인드맵으로 그려 놓았어요. 일일이 챙겨주지 않아도 아이들은 지도를 보며 찾아가듯 싸야 할 짐을 챙겨놓았습니다. 아직은 야물지 않은 손이라 흐트러지지 않게 가방에 담아주기만 하면 되었죠. 아이가 둘인 엄마들은 알 거예요. 어디에 한 번 가려면 짐을 싸다 지치거든요. 아이들에게 이것저것 챙기라고 잔소리하지 않아도 되고, 맵을 보며 옷, 세면도구, 장난감 등을 분류별로 챙길 수 있어서 놓치는 것 없이 꼼꼼히 챙길 수 있었습니다. 금요일 밤이면 미리 무엇을 할 건지 주말 계획 마인드맵도 그려서 붙여놓았어요. 아침에 일어난 아이들이 일정을 보고 자기가 하고 싶은 것들을 빈 시간에 채워 놓기도 했습니다. 마인드맵이 없었더라면 무엇을 할지 엄마 혼자 정하거나, 혹은 그냥 시간을 흘려보내는 주말이 되었겠죠. 주말 저녁이면 아이들과 일기를 마인드맵으로 그렸습니다. 하루의 감정들, 기록하고 싶은 순간을 마인드맵으로 정리했어요. 그냥 일기를 쓰라 하면 막막함에 싫어했던 아이들이 그림은 뭐로 그릴지, 주가지는 무엇으로 할지 고민하며 즐겁게 하루를 정리하게 되었습니다. 마인드맵이 바꿔준 일상이었습니다. 가장 만족스러운 것은 '모르겠어.'로 일관하던 큰아이가 마인드맵으로 자기의 생각을 표현하기 시작했다는 점입니다.

아이가 얼마 전부터 스마트폰을 사고 싶어 했습니다. 저는 아이에게 안 좋은 점이 많아 사줄 마음이 없었습니다. 어느 날 아이가 스마트폰을 사야 하는 이유를 마인드맵으로 그려왔습니다. 스마트폰 사용을 걱정하는 엄마의 마음을 썼고, 스마트폰이 갖고 싶은 이유와 어떻게 사용할지에 대한 계획도 그려있었습니다. 똑소리 나게 설득력이 있어서 아이를 믿고 스마트폰을 사주었어요. 이제 우리 가족에게 마인드맵은 서로를 이해하는 도구가 되었습니다.

◆ 마인드맵 속으로 들어가다

그렇게 마인드맵은 저와 아이와의 관계를 풀어주었습니다. 저는 맵 스쿨 11기에 시작해 12기, 13기까지 계속 참여했습니다. 놓을 수가 없었어요. 밤이면 오늘 쌓인 감정을 풀어내야 했고, 내일을 계획해야 했으며, 아이들의 마음도 그려봐야 했으니까요. 마인드맵은 그렇게 제 안에 깊게 들어왔습니다. 오로지 혼자만 고민하고 해결하려 했던 삶에 고민을 풀어내고, 상의하고, 내일을 같이 준비해주는 친구가 생긴 겁니다. 그러던 중

오소희 교장님이 마인드맵 협회를 만드신다는 소식이 들렸습니다. 더불어 마인드맵 지도자 과정을 연다는 공지와 함께요. 그때부터 제 마음은 팔랑팔랑 날아다니기 시작했습니다. 직접 몸소 느낀 변화에 마인드맵에 대한 확신이 차오르던 때였습니다. 마인드맵이면 나처럼 생각의 뭉치에서 답을 찾지 못해 헤매는 엄마들이나, 아이들에게 길을 내어줄 수 있겠다는 생각이 들었습니다. 하고 싶은 말을 마음껏 표현할 수 있는 생각의 길을 내는 지도자라니 꼭 하고 싶었지요.

신청서가 올라오자마자 망설일 새 없이 바로 교장님께 전화 상담을 요청드린 후 지도자 과정을 하게 되었습니다. 그리고 지금 마인드맵을 향한 뜨거운 열정으로 함께 모인 5명의 지도자 과정 동기들이 생겼습니다. 쉴 새 없이 마인드맵을 어떻게 하면 더 잘 전달할 수 있을지 의논하며 신명 나는 8월의 여름을 보내고 있습니다. 지도자 과정을 통해 모든 것은 놀이처럼 배워야 한다는 생각으로 플레이 마인드맵의 맵 그리는 주니쌤을 만들어 냈습니다. 이제 제 아이와 함께 마인드맵을 활용했던 경험으로, U 사에서 일하면서 얻은 노하우들로 아이들의 특별한 마인드맵 선생님이 되어보려 합니다. 운명처럼 찾아온 마인드맵. 그리고 지도자의 길로 잘 인도해주신 오소희 교장님, 허필선 작가님, 이혜령 원장님께 감사드리며, 마인드맵과 함께하는 내일을 그려봅니다.

마인드맵 소풍가기

저는 마인드맵이 소통이라고 생각합니다. 나의 마음과의 소통, 아이의 마음과의 소통이라고 생각합니다. 가족은 너무 가까워서인지 서로의 마음을 말로 하기 힘든 경우가 있습니다. 그럴 때 마인드맵으로 소통을 하면 서로의 마음에 조금 다가설 수 있었습니다. 그렇게 나의 마음에도 다가설 수가 있었습니다. 나의 마음과 아이의 마음을 한 번에 들여다보니, 서로 생각하는 게 그리 다르지 않았습니다. 단지 그것을 표현함에 있어 서툴렀던 것이었습니다. 마인드맵을 공부로서 하지 않았으면 좋겠습니다. 마인드맵을 즐거운 소풍처럼 했으면 좋겠습니다. 즐겁게 소풍을 나와 맛있는 것들 나누어 먹으며 즐거운 대화를 하는 것처럼, 마인드맵도 그렇게 즐거운 대화가 되었으면 합니다. 마인드맵이 어렵다고 생각이 든다면 그림으로 마인드맵을 그려보세요. 그림이 어렵다면 글로 마인드맵을 그려보세요. 자신에게 맞는 방법으로 즐겁게 하고, 그 마인드맵으로 서로를 알 수 있는 소통이 된다면 그것으로 충분히 멋진 마인드맵을 하고 있는 것입니다. 소풍 같은 마인드맵을 그려보세요.

마인드맵이 너무 좋은 이유들

– 천지영

❖ 마인드맵과의 만남

마인드맵을 처음 그리게 된 건 약 10년 전이었습니다. 20대 중반 새내기 사내 강사로 입사해 일하면서 스스로 뭔가가 많이 부족하다는 생각에 이 교육, 저 교육 보이는 대로 들으러 다니다가 그중 하나로 마인드맵 교육을 접하게 되었습니다.

마인드맵이 여러모로 유용한 도구라는 것은 알게 되었지만, 꾸준히 그리지 못한 탓인지 맵이 제 일상에 스며들지는 못했습니다. 그럼에도 마인드맵이 제 마음 한곳에 자리를 잡았는지 생각의 정리가 필요하거나 책을 읽고 내용을 정리하고 싶을 때 문득문득 마인드맵이 떠오르곤 했습니다. 그렇게 생각이 날 때만 드문드문 그리다가, 마인드맵을 좀 더 가까이하고 싶어 관련 책을 검색하던 중, 오소희 선생님의 《매일 마인드맵》 책을 만나게 되었습니다.

◆ 독서 마인드맵 그리기

오소희 선생님의 《매일 마인드맵》에는 이렇게나 다양한 주제로 마인드맵을 그릴 수 있다는 걸 보여주듯 40여 개의 다양한 맵들이 실려 있습니다. 그중에서 책을 좋아하는 저의 눈에 가장 먼저 들어온 것은 '독서 목차 마인드맵'이었습니다. 책의 목차를 마인드맵으로 정리해놓으면 책 전체의 흐름을 알 수 있고, 내용을 기억하기에 효과적이라는 책의 내용을 읽고 이 《매일 마인드맵》의 독서 목차 맵을 그려보았습니다.

정성껏 그린 후 SNS에 게시했는데, 오소희 선생님이 친히 제 피드에 방문해서 예쁘게 그려주셔서 담아간다는 댓글을 달아주셨습니다.

그 후 오소희 선생님의 SNS를 관심 있게 보던 중 허필선 작가님과 함께 콜라보로 진행하시는 마인드맵 독서 클럽 '맵독' 2기 모집 게시물을 보게 되었습니다. 한 달 동안 지정된 책을 매일 일정 분량씩 읽은 후 마인드맵으로 정리해보는 시간이 흥미롭게 느껴져서 신청하게 되었고, 매일 하루에 한 장씩 소중한 나만의 독서 마인드맵이 쌓여가기 시작했습니다. 인상 깊게 읽은 책도 며칠이 지나면 언제 읽었냐는 듯 기억에서 사라져서 속상했는데, 마인드맵으로 정리해 그려놓으니 기억에도 잘 남고, 관련된 저의 생각들도 시각화하여 정리해볼 수 있어서 참 좋았습니다. 특히 빈 종이가 아닌 책에 직접 맵을 그려보는 경험(북맵 그리기)은 저에게 꽤 신선하게 다가왔습니다.

◆ 맵 스쿨에 등록해 1일 3맵에 도전!

'맵독'을 통해 마인드맵의 매력과 재미를 느끼게 된 저는 맵 스쿨에 등록해 한 달 동안 1일 3맵, 총 90개의 맵을 그리는 여정에 도전했습니다.

'하루에 한 개의 맵을 그리는 것도 쉽지 않은 일인데, 하루에 세 개씩이나 그려낼 수 있을까?' 나 자신을 의심해 보기도 했고, 하루 이틀 잘 그리다가도 한 번씩은 '꼭 이렇게 많이 그려야 하는 걸까?' 의문이 들기도 했습니다. 하지만 일단 무작정 그려보라는, 양을 채워야 성장할 수 있다는 오소희 선생님의 말을 믿고 맵 그리기에 매진했습니다. 1주일에 한 번씩 정신이 번쩍 나게 하는 오소희 선생님의 강의도 한 달 동안 1일 3맵 그리기를 포기하지 않고 완주할 수 있도록 도와주는 힘이 되었습니다.

특히 오소희 선생님의 강의에서는 무엇보다 맵에 대한 애정과 전파하고자 하는 열정이 여실히 드러납니다. 또한 마인드맵을 정형화된 틀 안에 가두지 말고, 나만의 방법으로, 창의적으로, 나만의 패턴으로 맵핑해 나가길 바라는 마음도 느낄 수 있었습니다. 어쩌면 따가운 피드백 없이 자유롭게 그릴 수 있도록 격려해주고 응원해주신 덕분에 마인드맵을 더 재미있게 그려나갈 수 있었던 건지도 모르겠습니다. 스스로 이렇게도 그려보고, 저렇게도 그려보면서 의문점이 생기면 찾아보고, 탐구하고, 시행착오를 겪으며 개선, 보완해 나가는 것이 마인드맵 학습에 있어 중요하다는 것을 오소희 선생님을 통해 배우게 된 것입니다.

하루하루 성실히 맵을 그려 카페에 인증하고, 조장님과 동기 분들, 오소희 교장쌤의 따뜻한 응원이 담긴 댓글들 덕분에 한 달간의 1일 3맵

여정을 성취감 가득 안고 마칠 수 있었습니다. 강의를 들으면서 바로바로 맵핑하는 스킬을 습득하게 된 것은 보너스였고요!

💎 마인드맵이 좋은 이유

마인드맵을 그리다 보면 종종 몰입을 경험합니다. 중심 이미지를 그린 후 하나하나 가지를 뻗어 나가다가 시계를 보면 어느새 2~3시간이 훅 지나가 있기도 합니다. 맵이 완성되었을 때 느껴지는 성취감과 뿌듯함 이전에 맵을 그려 나가는 과정 속에서도 행복감을 느끼게 됩니다.

가장 좋은 것은 한 장 한 장 마인드맵을 그려 나가다 보면 내 삶이 정리되는 느낌이 듭니다. 흩어져 있던 생각들, 복잡하게 얽혀 있던 생각들, 방치했던 감정들, 미뤄두었던 계획과 목표들을 하나하나 종이 위에 꺼내 시각화해보면서 나의 과거와 현재, 미래를 차분히 생각하고 정리할 수 있게 됩니다.

💎 일상 마인드맵

마인드맵이 일상이 되었고, 일상을 마인드맵으로 그리게 되었습니다.

일상 속 소소한 일들을 맵으로 그립니다. 요리 레시피를 맵으로 그리기도 하고, 여행을 다녀온 후 여행 일기를 맵으로 작성하기도 합니다. 누군가를 만나고 돌아와 나눈 이야기, 그 당시 들었던 생각과 느꼈던 감정을 맵핑하기도 하고, 책이나 신문 칼럼을 읽은 후 내용 정리를 맵으로

하기도 합니다. 갑자기 떠오르는 아이디어나 영감이 있으면 정리하기도 하고, 심심할 때는 떠오르는 키워드를 가지고 단어 연상 놀이 맵을 그립니다.

강의를 준비하면서도 강의 교안 맵을 그립니다. 제 삶의 영역에 깊숙이 들어온 마인드맵을 더 많이, 더 풍성하게 활용하고 있습니다.

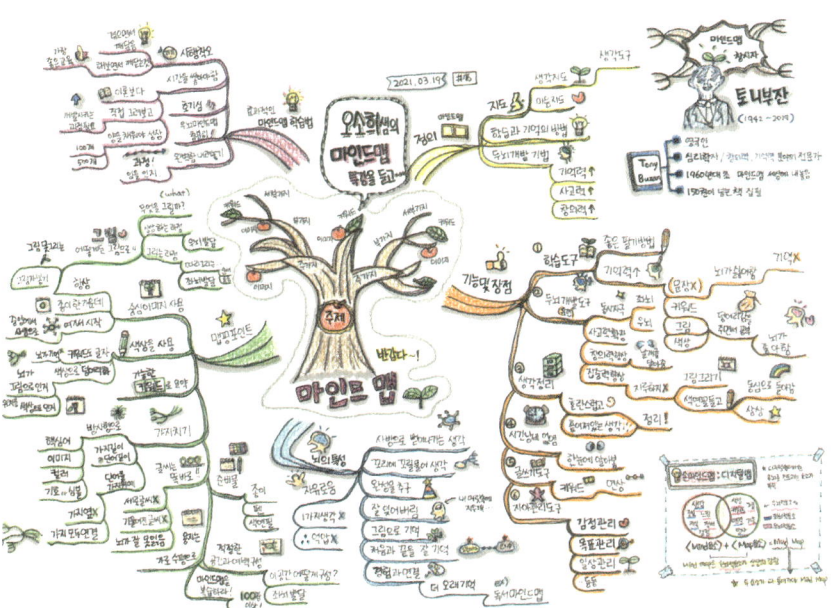

〈제5장〉 마인드맵 후기

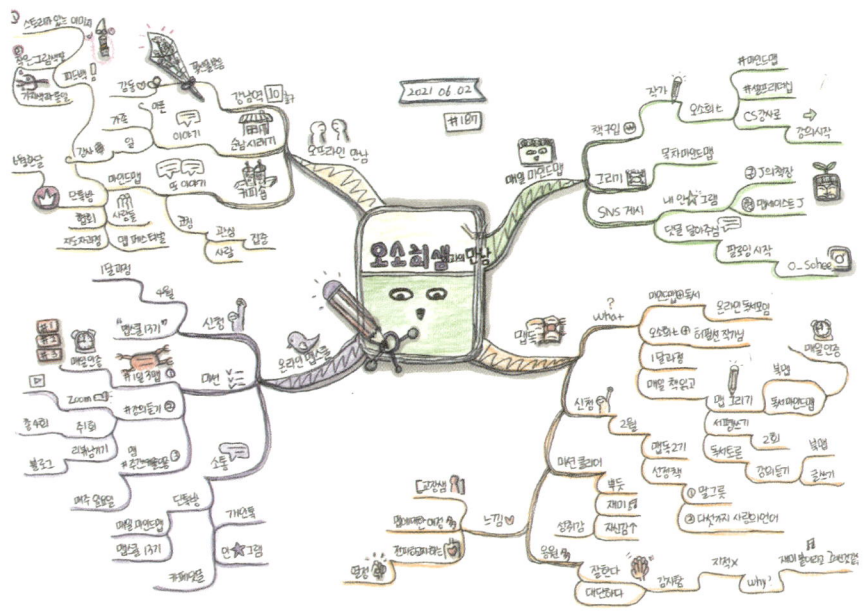

내 삶에 선물 같은 마인드맵

– 이지영

　마인드맵을 언제 처음 만났는지는 너무 오래되어 기억나지 않아요. 아이가 어릴 때 함께 놀면서 여러 가지로 활용을 했던 기억만 남아있습니다. 물론, 지금 제대로 배우다 보니 그때 했던 건 마인드맵이라고 할 수 없던 거지만요. 그래도 어디서 어떻게 알고 그때 활용을 했을까요?

　초등학교 고학년 아이들을 잠시 가르쳤었습니다. 아이들 시험 기간에 효과적으로 공부할 수 있는 방법을 찾아보다가 '목차 공부법'을 알게 되었어요. 목차만 보고 그 안의 내용을 기억해서 쓸 수 있도록 공부하는 방법이었는데 보자마자 마인드맵을 이렇게 사용하면 되겠구나 했어요. 아이들에게 공부법으로 마인드맵을 사용해보라고 알려줬습니다. 제대로 알고 있지는 못했어도 본능적으로 사용하고 있었던 것 같아요.

　시간이 흘러 다시 마인드맵을 만난 건 제가 참여하고 있던 워크숍에서 읽었던 한 권의 책이었습니다. 《토니 부잔의 마인드맵북》. 함께 읽고, 직접 그려보고, 실생활에 활용해보면서 마인드맵에 대해서 조금씩 알아갔습니다. 하지만 책 한 권으로는 부족하다는 생각이 들더라고요. 책의 내용상 이론이 많다 보니 이해하기 어렵기도 했고요. 여기저기 원데이 특강도 찾아서 들어봤지만 갈증을 해결해주지는 못했어요. 제대로 배우고, 제대로 그려보고 싶어서, 일상생활 속에서 사용할 수 있는 방법을 알고 싶어서, 계속해서 마인드맵을 배울 수 있는 곳을 찾아다녔습니다.

그러다가 맵 스쿨을 만났습니다. 한 달 동안 해내야 하는 과제의 양이 만만치 않았지만 왠지 잘할 수 있을 것 같았어요. 13기로 한 달간 맵 스쿨에 참여하면서 갈증이 조금씩 해소가 되기 시작했습니다. 한 달 동안, 하루에 3장씩 마인드맵을 그린다는 게 쉽지는 않았습니다. 무엇을 그릴지 생각도 해야 했고, 중심 이미지로부터 어떻게 가지를 만들어가야 할지도 고민해야 했고, 그림과 색은 또 어떻게 해야 하나 검색하고, 찾아보고, 생각하는 데 걸리는 시간은 만만치 않았습니다. 운명이 제 편이었는지 그 당시 다행히도 재택근무를 하는 중이어서 시간에 쫓기지 않고 즐겁게 미션을 마무리할 수 있었습니다.

계속해서 그리고, 강의를 듣고, 또 그리고를 반복하던 그 시간이 정말 즐거웠습니다. 책에 적혀 있던 장황한 이론이 아니어도, 직접 그리면서 배우니 훨씬 이해도 빨랐습니다. 재미있었습니다. 오랜만에 무언가를 하면서 재미를 느꼈습니다. 신이 났습니다. 제가 무엇을 하는 데 가장 중요한 것이 '재미'였거든요. 90장의 마인드맵을 그리는 동안 한 번도 힘들거나 지쳐서 못 그리겠다 했던 적이 없었어요. 그래서 13기 맵 스쿨이 마무리된 후에도 친구들을 모아 함께 매일 1장씩 마인드맵을 그리기 시작했습니다. 그렇게 마인드맵이 제 일상으로 들어왔습니다.

몇 달간 꾸준히 마인드맵을 배우고 그렸다고 해서 일상생활에 드라마틱한 변화가 생기지는 않았습니다. 하지만 하루하루가 즐거워졌습니다. 하고 싶었던 것을 할 수 있어서 좋았습니다. 내 의지로, 내가 하고픈 것을 선택해서, 즐겁게 할 수 있다는 그 사실에 매일이 새롭고 재미있었어요. 그러면서 조금씩 욕심이 생겼습니다. 사람들에게 마인드맵을 제대로 알려주고 싶다는 마음이 생겼어요. 함께 그리고 있는 사람들에게 알고 있는 것을 조금 알려주긴 했지만 가끔 질문에 답을 못하는 경우도 있었고, 그게 무척이나 답답했습니다. 이런 경험들이 신기했어요. 누군가에게 자발적으로 무언가를 가르쳐주고 싶다는 생각을 하고 있다는 것이, 제대로 알려주고 싶다는 생각을 내가 하고 있다는 것이.

그러던 중에, '마인드맵 지도자 과정'을 시작하신다는 걸 알게 되었습니다. 그냥 너무 하고 싶었어요. 고민하고 답답했던 부분을 해결할 수 있을 것 같았습니다. 고민을 안 한 건 아니에요. 내가 이걸 더 깊게 배우는 것이 앞으로 어떻게 쓰일지에 대한 확신도 부족했고, 벌이가 없는 상태에서 이렇게 목돈을 써도 되는 걸까 싶기도 했고요.

마인드맵을 그려봤습니다. 했을 때와 하지 않았을 때의 장단점 등을 생각해보고 나니 선택이 쉬워지더라고요. 지금 안 하면 언제 할까 싶었고, 어쩌면 새롭게 시작되는 이 과정이 나에게는 기회가 될 수도 있지 않을까 싶었어요. 일단 해보라고 지지해주는 친구들과 아이의 응원도 큰 힘이 되었습니다. 그렇게 저는 계속해서 마인드맵을 그리게 되었습니다. 지금까지와는 조금 다른 마인드로 접근해야 했지만 여전히 즐겁고 재미있어요.

다양한 맵을 그리다 보니, 일상이 모두 마인드맵으로 정리가 되었습니다. 계획, 피드백, 고민, 소비, 책 정리 등 한 장에 모든 게 들어 있으니 훨씬 머릿속에 남는 것도 많았고, 어느 부분이 부족하고, 어느 부분을 잘했는지가 한눈에 들어오자 피드백이 빨라져서 좋았습니다.

그리고 무엇보다 좋았던 것은 이야깃거리가 생긴다는 점이었어요. 혼자 그리다가 같이 그리고 싶었고, 같이 그리다 보니 마인드맵을 통해서 많은 이야깃거리가 만들어진다는 것을 알았습니다. 한 장에 정리된 맵을 보고 있으면 그 가지 위의 키워드 하나하나가 전부 이야기가 되더라고요. 굳이 말하지 않아도 어떤 고민을 가지고 있는지, 어떤 생각을 하고 있는지, 무엇에 관심이 있는지가 보여서 같이 고민해줄 수 있었고, 그들의 생각에 공감해줄 수 있었고, 내가 먼저 경험했던 것들은 알려줄 수도 있었습니다. 또 하나, 아이와 함께 마인드맵을 그리고, 그 맵을 보면서 나에게 이야기하지는 않았던 속마음을 알 수 있었던 것이 가장 좋았습니다. 마인드맵의 여러 가지 활용법 중에 이 부분이 가장 크게 와닿았어요.

친구들과도, 아이와도 대화할 수 있는 내용들이 많아져서 좋았습니다.

그래서 저는 앞으로도 이 부분에 중점을 두고 마인드맵을 사용해보고 싶습니다.
일상생활에 필요한 많은 부분, 주로 계획과 목표, 시간 관리 쪽으로 주로 사용하게 되겠지만 그 외에 마인드맵을 통해 이야기를 나눌 수 있는 부분에 조금 더 집중을 해보고 싶습니다.

저희 아이는 어렸을 때부터 진짜 말을 많이 하는 아이였어요. 하루 종일 듣다 보면 귀가 피곤해질 정도로요. 제발 좀 조용히 하라는 말이 저절로 나왔죠. 그렇게 표현도 잘하고, 할 말 다 하던 아이가 커가면서 조금씩 말수가 줄었습니다. 꼭 필요한 말만 하고, 마음속 이야기는 밖으로 꺼내지를 않았어요. 성인이 된 지금은 더더욱 말이 줄었습니다. 엄마가 걱정할 만한 이야기, 본인의 약점이라 생각되는 이야기, 두려운 마음, 걱정거리 등을 누구에게도 말하지 않았어요. 슬쩍 물어보니 친구들에게도 말하지 않는다고 하더라고요. 굳이 말을 해야 할 필요성을 느끼지를 못하겠다고 말이죠.
어떤 생각을 하고 있는지는 알고 싶었어요. 큰 도움까지는 아니더라도 엄마가 도울 수 있는 부분은 돕고 싶었거든요. 말해보라고 해도 분명 말 안 할 아이인 걸 알기에 마인드맵을 한 번 그려보자고 했습니다. 엄마가 지금 공부하고 있는 걸 아니 도움이 된다면 그리겠다고 해서 '앞으로 하고 싶은 일', '걱정', '두려움'을 중심 키워드로 던져주었습니다.

저에게 한 번도 하지 않았던 모든 이야기들이 그 안에 전부 담겨 있었어요. 그렇게까지 자세히 써올 줄은 사실 몰랐습니다. 하지만 마인드맵의 특성인가 봐요. 써나가다 보면 어느새 마음속 이야기들이 나오게 되는 힘. 한참 이야기를 나눴어요. 하고 싶은 일에 대해서, 두려움에 대해서, 걱정거리에 대해서. 그 시간이 정말 좋았습니다. 조금 더 빨리 알았다면 아이의 사춘기 시기에 조금 더 마음을 보듬어줄 수 있지 않았을까 하는 아쉬움도 있었고요.

이렇게 마인드맵을 통해 서로의 마음을 읽고, 대화를 하고, 더 많은 이야기를 만들어갈 수 있다는 것을 다른 사람들에게도 알려주고 싶어요. 일상생활 안에서의 활용은 기본, 거기에 더해 서로의 관계를 위한 이야기를 만들어가는 것에 더 집중을 해보려고 합니다. 그림책을 통한 마음 읽기, 그림 그리기를 통한 이야기 만들기, 사춘기 아이의 마음 들여다보기, 내 마음 들여다보기, 나와의 대화 등 마음속에 담아둔 이야기들을 밖으로 꺼내는 도구로서의 마인드맵. 앞으로도 그렇게 마인드맵을 사용하고 싶고, 이렇게 사용해보라고 많은 분들께 알려드리고 싶습니다.

8. 6. #188 (#39)

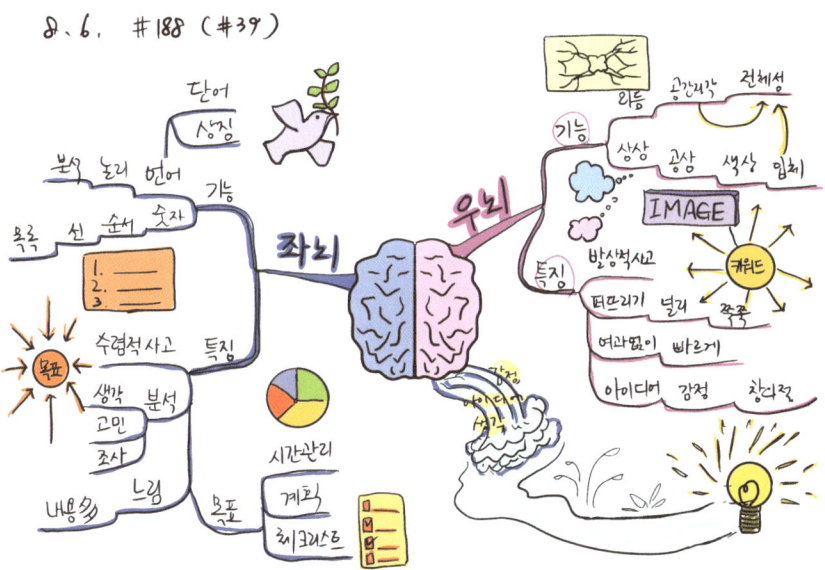

<제5장> 마인드맵 후기

마치는 글

두 번째 책을 쓰는 데 2년의 시간이 흘렀습니다.

5년이라는 긴 시간 동안 엄마로서의 적응이 힘들었습니다. 동아줄처럼 잡았던 것이 책과 강의였습니다. 책과 강의를 통해 저와 같은 엄마들을 만나게 되었고, 우연한 만남이 제게는 사명이 되었습니다.

이 책은 엄마가 되기 전의 저와, 엄마가 되고 난 후의 제가 마인드맵이라는 도구를 만나서 어떻게 성장해왔는지를 여과 없이 보여줍니다. 몇 번의 퇴고를 거치며 혼자 울고 또 울었습니다. 울음을 그칠 때면 보다 더 생생하게 전달될 수 있고 공감될 수 있도록 고치고 또 고쳤습니다.

간절하게 3가지를 전달하고 싶습니다.

첫째로는, '시각화'입니다.

눈에 보이게 기록을 한다는 것은 뇌와 심장을 자극하며 행동을 만듭니다. 가장 중요한 것은 몰랐던 나를 발견하게 해주는 힘이 있다는 것입니다. 내가 하고 있는 생각, 내가 갖고 싶은 미래, 내가 우선적으로 사랑해야 하는 것들에 대해 '시각화' 할 때 우리는 더 정확하게 그것들을 파악할 수 있습니다.

두 번째로는, '우선순위'입니다.

치열하게 20대와 30대를 살아오면서 기회였고 원망이었던 게 있습니다. 바로 '선택'입니다. 매 순간의 삶이 선택이었고 선택에 의해 결과치가 크게 달라졌습니다. 실패하지 않기 위해서는 예측하는 방법을 찾아야 했고, 나은 선택을 하기 위해서는 나만의 우선순위를 정할 수 있어야 했습니다. 스스로 정하는 우선순위는 반복되는 '선택'을 심플하고 확실하게 만들어줍니다.

세 번째로는, '꿈'입니다.

속상했습니다. 가장 큰 선물인 아이를 출산한 이후에 많은 엄마와 아빠가 꿈을 꾸지 않는다는 것이 속상했습니다. 크고 작은 현실에 부딪히고 찌들어 시간도 없고 돈도 없어 많은 것을 포기하고 사는 어른들이 안타깝고 화도 났습니다. 소중한 아이들이 부모를 통해 올바르게 꿈꾸는 방법을 알 수 있도록 앞장서고 싶은 것이 제 교육의 사명입니다.

마인드맵을 잘 그리는 방법보다, 마인드맵을 잘 사용해야 하는 이유를 더 중요하게 생각하는 마음으로 이 책을 저술했습니다. 많은 부모님, 특히 육아가 힘든 엄마들에게 작은 힘이 되길 바랍니다. 오소희 또한 그대들처럼 힘들었으며, 마인드맵이라는 도구가 좋은 자기 관리 도구가 될 것이라도 말씀드리고 싶습니다.

 마지막으로 힘든 시간을 보낼 때마다, 내게 멘토로서 강인한 모범이 되어주신 우리 엄마 우인순 여사에게 감사의 말씀을 드리고 싶습니다. 15년 넘게 해외에서 일하시며 가족을 위해 희생하시고, 그 도전 안에서 매 순간 놀라운 선택을 통해 40대의 도전 그리고 엄마의 도전을 보여주었던 우인순 여사님. 너무 고맙습니다. 당신의 삶이 있었기에 딸 오소희 또한 이렇게 멋진 삶을 살 수 있습니다.
 사랑합니다. 존경합니다. 건강하세요.